AF555155

LA RÉPUBLIQUE

ET

LES CAMPAGNES

PAR

E. LECOUTEUX,

PROPRIÉTAIRE AGRICULTEUR A CERÇAY (LOIR-ET-CHER),
SECRÉTAIRE GÉNÉRAL DE LA SOCIÉTÉ DES AGRICULTEURS DE FRANCE,
RÉDACTEUR EN CHEF DU *Journal d'Agriculture pratique.*

Pas d'antagonisme, mais solidarité
entre les villes et les campagnes.

PARIS,
LIBRAIRIE AGRICOLE DE LA MAISON RUSTIQUE,
26, rue Jacob, 26.

1871.

LA RÉPUBLIQUE

ET

LES CAMPAGNES.

Bientôt, lorsqu'elle aura retrouvé le calme et pansé ses blessures les plus vives, la France sera appelée à se prononcer entre la République et les diverses monarchies représentées par Henri V, le comte de Paris, Napoléon III et même Napoléon IV.

Que feront alors les populations rurales, elles qui, dans notre pays de suffrage universel, votent généralement dans un même esprit et disposent de la majorité électorale ?

Voilà la grosse question du moment. Elle concentre l'attention publique sur nos campagnes. Elle fait parler des paysans, *des ruraux* ; et voilà pourquoi, dans un instant suprême où la France a besoin d'union, j'ai écrit cette petite brochure politique avec le très-vif désir de contribuer à atténuer, sinon à supprimer, le malheureux antagonisme que d'autres, cherchant à diviser pour régner, ont établi entre les villes et les campagnes.

C'est sous la poignante impression des terribles évènements de Paris que j'ai pris la plume. Je déchirerais mes pages si elles portaient le moindre cachet d'une œuvre de colère. Je vise surtout à accomplir, de mon mieux, non une œuvre prétendant à l'habileté, mais une œuvre d'honnêteté attestant que son auteur, indépendant envers les partis, vieil ennemi des réactions, ne demandant pas que l'agriculture soit un État dans l'État, mais tout simplement qu'elle y occupe son rang, n'a rien négligé pour ne froisser aucune conviction sincère. C'est, pour un homme habitué à manœuvrer sur le terrain de l'agriculture, un terrain très-brûlant que celui de la politique. Mais, telles sont les nécessités du temps : chacun se doit à tous, et j'ai pensé qu'une carrière de trente années consacrées dans les champs et dans la presse à l'instruction et à l'émancipation des populations rurales m'autorisait quelque peu à parler de nos plus graves intérêts d'actualité non moins que d'avenir.

I.

Non, jamais, au grand jamais, il ne me sera possible d'oublier le concert d'imprécations contre les paysans et les *ruraux* que j'entendis à Paris, dans les derniers jours de mars 1871, alors que la *Commune*, de sinistre mémoire, préludait à sa prise de possession de la capitale de la France. Homme des champs, *rural* moi-même, ces imprécations des chefs et des seïdes de la *Commune* me froissaient dans mes plus intimes convictions, et si, de vieille date déjà, je n'eusse vu à l'œuvre les passions prétendues politiques d'une certaine secte, je me sèrais étonné de tant d'injustices commises à l'égard de populations qui, elles aussi, elles surtout, venaient de payer largement leur patriotique tribut dans notre malheureuse guerre contre l'Allemagne coalisée.

Venu à Paris, non pour discuter, mais pour écouter, j'écoutai beaucoup, et c'était là, à vrai dire, le rôle le plus facile et le plus instructif dans un moment où la fureur de parler l'emportait sur la sagesse qui consiste à savoir se taire en maintes et maintes occasions.

A s'en rapporter exclusivement aux orateurs de plein vent qui paraphrasaient en cela leurs journaux de prédilection, Paris voulait la République sociale, tandis que la province, dite réactionnaire, partageait ses sympathies monarchiques entre le comte de Paris, Henri V, Napoléon III et même Napoléon IV avec une régence. De là un abîme incommensurable entre la capitale et les départements, ou pour mieux dire, entre les grandes villes et les campagnes. De là, par conséquent, et toujours d'après les Démosthènes les plus exaltés de la voie publique, nécessité absolue pour Paris, la ville du savoir et de l'indépendance, de prendre ses garanties contre une restauration monarchique en proclamant la commune parisienne, pouvoir considérable qui eût opposé, en regard des pouvoirs de l'Etat réunis dans la capitale, une assemblée municipale disposant d'une force armée et s'appuyant sur une population agglomérée de deux millions d'âmes toujours en mesure de construire des barricades, d'exécuter des coups de main et de faire prédominer violemment sa volonté souveraine. Les grandes villes auraient, d'après ce qu'on espérait et provoquait, suivi l'exemple. Et c'est ainsi que, malgré leur majorité électorale, les populations rurales, disséminées, peu remuantes, impuissantes contre les coups de surprise, auraient vainement eu recours au suffrage universel pour imposer un gouvernement monarchique aux populations urbaines.

Tel était, sans préjudice de ses aspirations purement socialistes, le plan de reconstruction politique de la Commune parisienne. Elle voulait s'organiser contre les *ruraux*. Ne pouvant renier et détruire le suffrage universel, elle cherchait à tourner la difficulté, dût-elle rompre notre unité nationale, nous affaiblir devant l'étranger, nous vouer à la guerre civile à perpétuité. Des villes, la *République sociale*, exploitation des majorités terrorisées par une minorité violente et audacieuse, n'eût pas tardé à s'imposer de force à ce qu'on appelait, avec de profonds dédains, les populations ignorantes des villages.

Ce qui s'est fait à Paris pendant la honteuse dictature de la Commune, la France ne le sait que trop et ne le ressentira que trop longtemps. Pillages, vols, arrestations, assassinats, mensonges, dénonciations, débauches, incendies, démolitions, rien n'a manqué à ce qui doit être appelé une orgie révolutionnaire dans toute l'ignominie du terme. Et encore pour combler la mesure de nos désastres, a-t-il été dans l'horreur de la situation qu'une armée allemande, occupant notre territoire par le droit de la guerre, pût voir une armée française faisant le siège de la capitale de la France. A force d'héroïsme, notre armée a vaincu. Gloire et reconnaissance aux vainqueurs ; mais, pas de commisération pour les misérables qui, venus de tous les points du monde, voulaient faire de Paris le danger de toute civilisation, le foyer de toutes les terreurs, le repaire de toutes les ignorances et de toutes les insanités. De la politique, ceux-là n'ont pris que le masque. Il faut arracher le masque pour l'honneur même de la politique. Mais plusque jamais, c'est notre devoir, c'est notre intérêt, en même temps que s'accompliront de grands actes de justice, récompenses pour les uns et châtiments sévères pour les autres, de conserver toute la liberté d'esprit nécessaire à un peuple très-éprouvé qui va prononcer bientôt sur ses destinées.

II.

L'un des traits les plus saillants de notre situation politique, l'un des obstacles les plus considérables à la pacification des esprits, c'est le fatal antagonisme qui va s'accentuant de plus en plus entre les villes et les campagnes. Qu'est-ce qui a surtout créé cet antagonisme ?

Ne remontons pas au déluge : c'est le second empire.

En effet, il est incontestable que les populations rurales ont fait l'Empire de Napoléon III, non moins incontestable que les grandes villes ont fait opposition à ce gouvernement, non moins incontestable enfin que l'Empire, renonçant à tout espoir de ramener dans son giron les populations urbaines, a organisé et dirigé le suffrage universel de manière à contrebalancer le vote hostile des villes par le vote complaisant, sinon sympathique des campagnes. Vainement le principe de la souveraineté nationale avait-il été proclamé solennellement, il est indiscutable qu'en pratique, l'Empire n'a rien négligé pour démoraliser et dénaturer le suffrage universel en le soumettant au régime des tutelles administratives et des candidatures officielles. Plus de garanties constitutionnelles pour le pays. Le gouvernement désignait, recommandait, appuyait à outrance les députés et les conseillers électifs chargés de le contrôler et de lui voter des budgets. Il n'est donc pas étonnant que, plus les campagnes nommaient de députés protégés, agréables, complaisants, dépendants, plus les villes aient cherché à réagir contre ces excès par d'autres excès en nommant des députés combattus par les préfets et les fonctionnaires, et comme tels amenés à se déclarer publiquement irréconciliables. Paris surtout excellait dans le genre. Il s'élevait à l'écarlate.

Ainsi fonctionnait le suffrage universel. Inventé pour le triomphe de la République, il devenait une machine à haute puissance qui travaillait, sinon à la plus grande gloire du moins au plus grand profit du césarisme. D'habiles préfets, des préfets à poigne, avaient été mis à l'œuvre. Faisant trop peu d'administration et beaucoup trop de politique, ils donnaient au gouvernement la mesure de leur valeur et de leur dévouement en assurant le succès des candidats officiels. Après eux, le déluge... Et tant pis pour le pays, si de fatales hostilités s'allumaient entre les populations des villes et celles des champs. Tant pis pour le pays, si, dans un jour de détresse, le gouvernement, privé de ses armées, abandonné de ses fonctionnaires publics, laissait au pays, habitué à tout attendre d'en haut, le soin de se défendre lui-même contre le socialisme.

Et cependant, longtemps à l'avance, des esprits prévoyants ont annoncé l'immense effondrement qui devait livrer le pays désarmé au pouvoir de ses ennemis intérieurs. Vains efforts ! Tranquille sur l'énergie, sur la sagesse de son gouvernement autoritaire, la France travaillait et jouissait : les pères de famille faisaient leurs affaires : les fils dissipaient plus ou moins leur héritage : la littérature et les théâtres amusaient : les fonctionnaires pullulaient : les contribuables payaient : les irritations croissaient. Il semblait que, par son indifférence, par sa manière de croire que le gouvernement pouvait à lui seul jouer le rôle d'entrepreneur de salut public, la France semât à pleines mains le socialisme. La récolte est venue.

Logiquement, c'était surtout aux populations ouvrières de l'industrie que s'adressaient les promoteurs du socialisme. Les ouvriers, disaient-ils, n'étaient rien : ils avaient le droit et le moyen d'être tout. Par eux, par l'avènement des travailleurs, devait se réaliser le bien-être universel.

En masse, les paysans n'étaient pas parmi les bons croyants. Beaucoup redoutaient le *spectre rouge*. Mais, dans certains pays de grande culture, les nouveaux sectaires n'avaient pas tout-à-fait perdu leur temps. Ils entamaient peu à peu la nombreuse population des journaliers, des tâcherons, des gagistes qui vivent de salaires. On s'en apercevait à de tristes symptômes : l'insubordination et d'autres défauts s'installaient au village. Des ouvriers ne se croyaient plus astreints à respecter leurs engagements pour les contrats de louage de leur travail. Entre patrons et ouvriers, la situation se tendait. Ce n'était plus l'antique simplicité des mœurs rurales. Ce n'était pas non plus l'intelligence des droits et des devoirs que comporte notre époque. Chaque élection générale ne faisait qu'empirer la situation. L'ardeur de la lutte appelait l'administration, non pas à donner l'exemple de la moralité, mais à déployer toute sa science des grands ressorts qui, dans les époques d'affaissement de la dignité publique, mettent les solliciteurs au pouvoir des dispensateurs de places et de faveurs. Il suffisait qu'un candidat, même soutenu par de bons et d'honnêtes fermiers dévoués au gouvernement, se portât contre un candidat officiel, pour que des fonctionnaires, des dupes ou des courtisans, engageassent de ferme en ferme les ouvriers ruraux à ne pas nommer le candidat des fermiers, et cela parce que, disaient-ils cyniquement, des ouvriers ne pouvaient, en matière d'élection, avoir les mêmes intérêts que leurs maîtres. C'était tout dire, le coup portait juste au défaut de la cuirasse. Les ouvriers prenaient le contre-pied du bourgeois. Etrange politique ; absorbée par un culte dynastique mal compris, elle ne voyait pas qu'exciter les ouvriers contre les chefs d'établissement, c'était, pour vouloir fermer la porte à un genre d'opposition jugé nécessaire dans tous les vrais gouvernements représentatifs, s'exposer à ouvrir la barrière au socialisme, à la Commune et à tout leur cortége de tristes passions !

Aussi, qu'est-il advenu lorsque le césarisme, corrupteur du suffrage universel, n'a pu refuser plus longtemps à la France les institutions représentatives qui dominent maintenant en Europe ?

C'est que rien, du côté du gouvernement, n'était prêt pour une telle évolution. Seule, l'opposition était groupée, disciplinée, habituée à s'entendre sans secours administratifs dans les élections et les discussions publiques. Quant à la majorité gouvernementale, elle n'avait jamais vécu qu'en tutelle. Entrée au Corps législatif par l'appui du pouvoir exécutif, elle ne savait rien des grandes manœuvres parlementaires, rien de la lutte à armes égales entre les partis, rien de l'art de choisir librement ses chefs. Elle n'avait, pour la guider, que les anciens parlementaires, et ceux-ci étaient, non pas bonapartistes, mais orléanistes ou légitimistes. Décidément, plus que jamais, l'antagonisme allait s'accentuer entre les députés des villes et les députés des campagnes. Malheur au gouvernement s'il laissait, et il ne pouvait faire autrement, la moindre porte ouverte à ses irréconciliables ennemis.

Et voyez comme tout s'enchaîne. Eloignés de la politique militante, les naufragés de la légitimité et de l'orléanisme s'étaient rejetés sur les hauts emplois des chemins de fer ou dans les travaux de l'agriculture et de l'industrie. Pour le plus grand nombre, ils vivaient de la vie rurale dans la belle saison et se retrouvaient l'hiver dans les villes de province ou dans les salons, les cercles, les sociétés savantes, les académies de Paris. Plusieurs, en se jetant corps et âme dans les entreprises d'améliorations agricoles, avaient conquis une large et légitime influence dans leurs départements. Ils ensemençaient l'avenir de plus d'une manière, sachant trèsbien que se retremper à la terre, occuper beaucoup d'ouvriers, faire de bonnes affaires en faisant de bonnes actions, améliorer l'homme par le sol et le sol par l'homme, assainir des contrées insalubres, défricher des landes, créer l'aisance autour d'eux, marcher enfin à la tête des travailleurs et grandir avec eux et pour eux, c'était reprendre une œuvre utile entre toutes, œuvre qui était celle de la noblesse territoriale avant qu'elle eût abdiqué devant la centralisation de Louis XIV et perdu, en quittant ses manoirs, son ancienne inflence sur les populations rurales.

Autres étaient les préoccupations et les jouissances des heureux de l'Empire. Ce qu'ils cultivaient le plus, pour la plupart, c'étaient les valeurs mobilières, c'étaient les fonctions publiques à gros traitements. Faire concurrence aux grands terriens agriculteurs, en s'adonnant à la vie rurale, ce n'était pas leur affaire. Ils étaient en crédit. C'était assez pour se défendre, croyaient-ils, contre leurs adversaires politiques, dans le cas où ceux-ci auraient voulu sortir de la vie privée. Il me souvient encore que, dans l'esprit de certains bonapartistes à courte vue, un légitimiste, fût-il le plus méritant des concurrents à la prime d'honneur, haute récompense agricole très-briguée en ce temps-là, devait être écarté d'une distinction suprême qui lui aurait donné trop d'influence dans sa circonscription électorale. Voilà où en était arrivé l'esprit de parti. La justice n'était pas due aux adversaires. Elle devait être le monopole des amis, si tant est qu'une œuvre de monopole puisse jamais usurper le nom d'une œuvre de justice.

Telle était donc la difficile situation de l'Empire dans les hautes régions du monde rural. Les hommes à grande influence lui manquaient dans les campagnes, en ce sens que, pour la plus grande partie, ces hommes se recrutaient dans la légitimité et l'orléanisme, ou bien encore, dans une opposition libérale qui aspirait à le transformer en gouvernement représentatif. L'Empire, maître en l'art de manier le suffrage universel, suppléait à ce vide en imposant ses candidats aux campagnes, et dans cette manière de comprendre la représentation nationale, il s'appuyait, à défaut de grandes individualités agricoles à sa dévotion, sur les masses électorales, sur ses amis de la chaumière, sur la bourgeoisie rurale. Il avait augmenté le fonds des encouragements officiels à l'agriculture, supprimé les anciens congrès où les hommes du sol apprenaient à se connaître, à se compter, à discuter leurs rapports avec l'administration, à traiter les questions d'octroi, d'impôts, de douanes, de réformes civiles. Il avait supprimé aussi le conseil supérieur de l'agriculture et décapité le haut enseignement agronomique en détruisant l'Institut de Versailles. Impossible de mieux empêcher de grossir le nombre des hommes d'élite qui auraient pu tenir le drapeau des grandes revendications de notre première industrie. Impossible de mieux mettre en action ces paroles de l'un des exécuteurs de ses hautes œuvres de démolition, à savoir que, pour diriger la charrue et soigner le bétail, pas n'est besoin de science. Impossible de mieux flatter les partisans de l'obscurantisme agricole. L'Empire avait été fait par les paysans. Il ne voulait pas gâter ses paysans en les mettant en contact avec des hommes instruits et indépendants.

Je le répète et j'insiste sur ce point. Lorsque l'Empire a voulu établir le régime constitutionnel, la matière première lui a manqué. Avec l'idée que, sauf de rares exceptions très-honorables, ses conseillers se faisaient de l'agriculture, avec leur peu de goût pour la vie rurale, avec leurs prédilections pour les paysans, ils ne se sont pas trouvés prêts à constituer l'une de ces classes dirigeantes qui, cependant, dans un pays essentiellement agricole, sont une garantie d'ordre et de progrès, parce qu'elles portent en elles l'esprit rural de nos sociétés modernes. Non pas qu'en 1870, après le plébiscite, il fût possible de conjurer tout à coup les mauvais effets d'un gouvernement autoritaire qui avait duré plus que de nécessité. Il était trop tard alors, et c'était beaucoup plus tôt qu'il aurait fallu se servir du monde rural, non pour nommer des députés complaisants, mais pour nommer des députés qui, dévoués à la cause de l'ordre, auraient eu plus d'indépendance envers le pouvoir. De tels députés, issus du suffrage universel fonctionnant librement, n'eussent pas manqué de constituer une majorité législative, et même une opposition gouvernementale qui, arrivant à l'heure utile, auraient empêché l'antagonisme des villes et des campagnes de prendre les funestes proportions d'aujourd'hui.

Je ne voudrais cependant pas, et moins que personne, m'affranchir du devoir de mentionner ici l'acte d'initiative qui, dans les derniers temps de l'Empire, a poussé certains hommes à lutter contre la politique antirurale du gouvernement, et cela en essayant de soustraire les campagnes au régime des tutelles administratives. Il y a eu là, sans que les grands journaux s'en soient beaucoup occupé, un remarquable mouvement qui a présidé à la naissance de la Société des agriculteurs de France, et qui portait en lui un principe, gage certain de l'émancipation des campagnes. On n'eût pas tardé à trouver le trait d'union entre des populations que des intérêts égoïstes cherchaient à diviser pour en exploiter les divisions. L'idée rurale était appelée à s'affirmer au foyer de toutes les grandes influences nationales, et, par suite, à subir le contact salutaire des diverses manifestations de notre génie français. Bien des aspérités, bien des idées exclusives auraient disparu dans cet échange de vues, dans ce choc d'intérêts variés qui auraient amené, n'en doutons pas, d'utiles conciliations. Mal conseillés, mal préparés à ce nouvel ordre de choses qui renversait les traditions de l'école autoritaire, parce qu'il substituait le principe de l'initiative individuelle et collective au régime de l'intervention gouvernementale dans les choses agricoles, les hommes de l'immobilité systématique ont eu peur de la nouvelle puissance. Ils n'ont pas vu les garanties de stabilité qu'elle présentait. Malgré eux, cependant, elle gagnait du terrain lorsque l'Empire a sombré. Elle lui survivra, pour peu que la liberté bien comprise ne soit pas un vain mot en France. Car, il n'y a pas à le nier, c'est par le réveil de l'esprit rural qu'il faut, d'accord avec la partie saine des populations urbaines, sauver notre pays. Je crois au salut. J'y crois, pourvu que la France se donne un gouvernement qui puisse vivre avec le suffrage universel, enrayer le socialisme, supporter toutes les libertés nécessaires, subir des contrôles sérieux, intéresser à la chose publique assez d'honnêtes gens pour que ceux-ci soient toujours en mesure de barrer le passage aux ambitieux de mauvais aloi, à ceux qui portent de grands noms comme à ceux qui veulent, sans titres, sans services rendus, sortir de leur obscurité. Tout cela est difficile, mais c'est nécessaire, et quand nécessité fait loi, il faut absolument qu'un pays ait la foi qui donne l'énergie pour vaincre les obstacles.

III.

Evidemment, nous sommes dans une époque de confusion, et pour qu'un écrivain désireux de contribuer à rétablir l'accord entre les campagnes plus ou moins monarchiques et les villes plus ou moins républicaines ou socialistes, cherche à dégager l'inconnu d'un tel chaos, il faut qu'il ait, par-dessus tout, une confiance sans limite dans la bienveillance de ses lecteurs.

Essayons de bonne foi.

L'une des principales causes du malentendu qui nous divise, c'est, il me semble, l'erreur qui consiste à confondre la République avec le socialisme. Grave erreur! la République est si peu solidaire du socialisme, qu'elle n'a pas de plus grand ennemi. Il ne s'agit pas aujourd'hui de fonder cette république autoritaire, négation du droit des majorités, qui voudrait s'imposer par la violence, ne pouvant se faire accepter par la raison. Il ne s'agit pas de cette république à outrance qui compromet les meilleures causes par ses excès. Il s'agit de la République qui repousse toute alliance avec les doctrines tendant à contester le droit de propriété, à organiser la spoliation, à pousser les populations les plus nombreuses dans une voie où le travail et le capital, violentés l'un par l'autre, cesseraient de s'entendre sous le régime vivifiant de la liberté des transactions et du respect des engagements. Il s'agit de la République qui professe l'obéissance aux lois, s'incline devant les majorités, pèse tous les droits, travaille ardemment à l'amélioration du sort du grand nombre, aime et sert tout ce qui est juste pour avoir d'autant plus d'autorité quand elle réprime l'injustice, et qui, au lieu d'affaiblir la France par l'idée fédérative, entend accomplir l'œuvre de décentralisation sans dépasser les limites où l'unité française serait compromise.

Voilà la République comme la professent des hommes qui, détestant l'anarchie socialiste non moins qu'ils redoutent l'agitation du pays par les partis monarchiques, sont décidés à ne pas servir de causes dynastiques, et se sont ralliés au gouvernement qui divise le moins, à la République telle que la comporte notre état de civilisation.

Autre chose est le socialisme. Il est la révolte insensée du travail contre le capital et la propriété. Il est la doctrine de quelques hommes qui se trompent, mais, pour le plus grand nombre de ses adeptes, il est une chose insaisissable qu'ils ne peuvent ni comprendre ni expliquer, ou bien un programme machiavélique avec lequel ils trompent les masses et les poussent à la haine, à l'émeute, jusqu'à ce que de déceptions en déceptions, de crimes en crimes, ils les livrent à la honte, à la misère, aux rigueurs des lois d'éternelle justice.

Bien souvent, j'ai cherché à étudier le socialisme. Jamais personne, jamais aucun livre, n'a pu m'en faire comprendre la doctrine. Ce que j'y ai vu de plus clair, à travers de très-grandes phrases, c'est la pensée fixe de subordonner le capital au travail, de donner la terre au paysan et l'usine à l'ouvrier, d'universaliser la propriété, d'amoindrir les excès de la concurrence en lui opposant l'association ouvrière, de supprimer le salariat, et, pour reconstituer ainsi l'ordre social, de procéder tout d'abord à la liquidation de l'ancien régime, c'est-à-dire à la spoliation de ceux qui possèdent au profit de ceux qui ne possédaient pas jusque-là. On appelle tout cela, avec plus d'emphase que de conviction, l'*avénement des travailleurs*, la *clôture de l'ère des révolutions*, l'*ouverture de l'ère du bien-être universel.*

Comment se fait-il qu'un pareil programme puisse être pris au sérieux ?

Il y a une liberté dont les socialistes semblent ne pas admettre l'existence actuelle, c'est la *liberté du travail*, cette précieuse conquête de nos pères qui, eux aussi, mais sérieusement, ont voulu convier les travailleurs au banquet de la vie sociale. Cette liberté nous permet à chacun d'utiliser à notre gré nos diverses aptitudes. Mieux que cela, elle nous confère le droit de débattre les conditions de notre coopération dans les branches variées de l'activité humaine, de contracter tels engagements qui nous conviennent, de porter nos bras et nos intelligences où nous voulons, de recevoir enfin le prix que nous avons stipulé et que nous garantit la loi générale des sociétés civilisées. Ainsi comprise, la liberté du travail ouvre à toutes les capacités, si grandes ou si petites soient-elles, une carrière sans limite, une carrière où chacun, combattant à ses risques et périls, est rémunéré selon ses œuvres, et dans laquelle aussi s'établit entre les producteurs et les consommateurs une solidarité qui tourne au profit de chacun. Au-dessus du monde des travailleurs plane, avec son incontestable impartialité, une grande loi économique, loi universelle qui n'est écrite dans aucun code, mais qui s'est établie et restera par la *force des choses:* la loi de l'offre et de la demande. Cette loi supérieure, voilà ce qui règle le prix des produits, le prix de tous les services productifs, le prix du travail, qu'il s'agisse du travail individuel, du travail associé ou du travail des socialistes. Pas de privilége dans le monde économique tel que la liberté du travail aspire à le développer. Égalité complète. L'avenir est aux plus méritants, aux plus laborieux, aux plus économes, et disons-le sans égard pour tout orgueil mal fondé, à ceux-là aussi qui, plus favorisés que d'autres par des circonstances indépendantes de notre volonté, arrivent au port sans avoir jamais naufragé. Interrogeons l'histoire : elle nous montrera ici de riches parvenus du travail libre, là de nombreux ouvriers arrivés à l'aisance, et comme contraste, des débris, des victimes, des blessés, des pauvres, des infirmes qui, les uns malgré une longue carrière de labeur, les autres parce qu'ils se sont livrés à l'inconduite, sont la preuve vivante, non pas d'une mauvaise organisation sociale, mais d'un état de choses qui dérive des *chances* plus ou moins heureuses, et des facultés plus ou moins élevées, auxquelles les hommes doivent de réussir plus ou moins dans leurs entreprises. Interrogeons l'histoire, elle nous attestera que la liberté du travail est l'essence même et la garantie de toute grande civilisation. Or, la France la possède cette liberté du travail. Il me paraît bien difficile, impossible même, que le socialisme trouve mieux que cela pour améliorer le sort du grand nombre, et j'incline fortement à penser qu'en promettant aux ouvriers le maximum de profits avec le minimum de travail, il parle très-sciemment plutôt à leurs passions qu'à leur raison. Est-ce donc les respecter? est-ce donc les traiter en hommes libres? et n'est-ce pas, en les poussant aux violences, les prendre pour cette chair à canon qui fait les héros sur les champs de gloire, mais aussi les dupes sur les barricades socialistes?

Les socialistes prétendent qu'ils ont une recette infaillible pour augmenter la rémunération du travail, ou en d'autres termes, pour consacrer le *droit au profit.* Charlatanisme! Quand bien même, comme ils le proposent, les ouvriers seraient partout associés, aucune puissance n'empêcherait que les prix des produits créés par ces ouvriers ne fussent soumis à la loi du marché général, loi de niveau inflexible qui équilibre toutes choses, et qui, par ce simple motif, s'opposerait à ce que telles ou telles catégories ouvrières s'enrichissent aux dépens des autres. On aurait beau faire, la concurrence universelle nivellerait bientôt le prix de tous les produits, et bientôt aussi, la part des bénéfices à partager entre ouvriers ne serait pas plus forte que la somme des salaires qui, après tout, sont de véritables avances exonérées de toutes chances de risques.

Le socialisme aurait-il des ouvriers associés en même temps que des ouvriers non associés ? Autant admettre qu'il serait l'injustice à sa plus haute expression, puisqu'il aurait des ouvriers privilégiés et des ouvriers déshérités, ceux-ci ne jouissant pas des avantages que le socialisme attribue à l'association, et ceux-là cumulant tous les priviléges d'une situation exceptionnelle.

Il faut en convenir. Le *droit au profit*, en tant que consacré par la législation, est une chimère, un de ces leurres que des imposteurs seuls peuvent avoir l'audace de faire miroiter devant de malheureux ouvriers. Qu'il soit prêché dans les cabarets où la raison n'a guère voix au chapitre ; qu'il soit exposé à l'admiration des fidèles dans des réunions publiques où les déclassés, les fruits secs, les utopistes, les entrepreneurs d'émeute, les ambitieux sans scrupule, donnent libre carrière à leurs divagations, ces folies ne produisent que trop malheureusement leur effet dans un tel milieu. Mais que les populations rurales ne s'y laissent pas prendre. Le socialisme a surtout été imaginé pour une infime minorité d'ouvriers de villes et de fabriques qui trouveraient très-commode que les populations les plus nombreuses leur garantissent la vie avec beaucoup de jouissances et très-peu de peines. Véritable traité de dupes si jamais il pouvait être ratifié par ceux-là qui auraient confiance dans la fantasmagorie de l'école socialiste. Respectons le principe de la liberté des associations et le profit viendra légitimement pour ceux qui mèneront le mieux leur barque.

Logique dans ses inconséquences, le socialisme n'attaque pas moins la liberté du capital que celle du travail. C'était de rigueur. Le capital c'est la matière première des grandes fortunes, c'est là ce qui marque la distance entre les riches et les pauvres. Guerre donc au capital jusqu'à ce que, passé des mains des riches dans les mains des pauvres, il ait élevé les petits en abaissant les grands. Et après ? Est-ce que du moment où il sera admis que la force prime le droit, les grands de la veille devenus les petits du lendemain n'attendront pas le moment favorable où ils pourront à leur tour, en vertu de la maxime de leurs vainqueurs, reprendre leur revanche ?

Le capital, il faut le dire et le redire, *c'est le travail de la veille*, absolument comme le travail, cumulé avec l'épargne, c'est le capital du lendemain. Si vous faites la guerre au capital, le travail ne fera pas d'épargne : il consommera tout ce qu'il aura produit ; nous n'aurons ni machines, ni chemins de fer, ni usines, ni rien de ce qui, dans l'état actuel du monde, nous permet de produire à bon marché et d'échanger avec bénéfice nos produits contre les produits étrangers. Impossible de nier ces vérités élémentaires. Impossible de ne pas reconnaître que le capital a été, dans l'ordre des intérêts matériels, le grand émancipateur des populations ouvrières. Il a bâti nos villes ; il a créé la fortune mobilière, point de départ du Tiers-Etat ; il a opposé à l'ancienne aristocratie territoriale une puissance qui, foncièrement démocratique, a contribué de toute son influence à l'affranchissement des communes et à la chute des institutions féodales ; il a, de nos jours, créé de toutes pièces des Etats qui, mis d'un seul coup en possession de tous les instruments d'une haute civilisation, étonnent le monde par le rapide développement de leurs populations, de leurs richesses, de leurs libertés. Et vous dites, socialistes, que le capital exploite le travail et se grossit par la sueur du peuple ! Et vous faites tout pour terroriser le capital ! Et vous ne voyez pas que le tourmenter, l'effrayer, le confisquer, c'est mettre la France au-dessous des autres nations qui savent, par vous, comment un peuple marche à la décadence, et par elles, comment les peuples s'élèvent dans l'échelle des prospérités !...

Vous objectez que vous n'entendez pas vous priver des services du capital, que seulement vous voulez qu'il passe sur le second plan, afin que les bénéfices de l'industrie se partagent pour leur plus grosse part, ou du moins pour une part plus considérable, entre les ouvriers coopérateurs. Ce n'est là qu'une autre manière de reproduire votre éternelle prétention de la suprématie du travail sur le capital, une autre manière d'attaquer la liberté de chacun de ces deux agents de toute production, une autre manière de passionner le débat. Encore une fois, il n'y a qu'un moyen de faire du capital, c'est de lui laisser toute la liberté de ses mouvements, depuis le mouvement où il prend naissance jusqu'à ceux où il s'engage, se désengage, se prête, se transforme. Derrière ces mouvements, fonctionnent tous les grands ressorts de la machine humaine, le génie des découvertes, l'amour du gain, les excitations de la concurrence, la patience et la prévoyance des administrateurs, l'esprit des affaires, l'économie, l'ordre, l'application au travail. Sans doute, beaucoup de ces ressorts peuvent jouer dans les associations. Mais en quoi donc, je vous le demande, est-il nécessaire de faire des révolutions à coup de fusil, de canons et d'incendies, pour installer des associations basées sur la participation des ouvriers aux bénéfices ?

C'est vrai, la France comme l'ont faite des générations de penseurs et de vrais travailleurs, la France resplendissante de plusieurs siècles affirmés par des gloires de toutes sortes, cette France-là convient au socialisme. Mais la réciproque n'a pas lieu : le socialisme, usurpateur, confiscateur, spoliateur d'un patrimoine qui représente le travail du passé, le socialisme ne convient pas à la France. Elle le rejette, non sans faire la part des chercheurs de bonne foi qui le regardent comme l'arche de salut des travailleurs, mais en vouant à l'opprobre universel les hommes qui en font un instrument de guerre civile, une arme d'extermination, un pacte de haine contre tout ce qui est vertu, talent, supériorité sociale. Elle le condamne lorsqu'il a la vaine prétention d'enseigner aux ouvriers qu'il y a d'autres moyens d'arriver à l'aisance que par l'économie, le travail, la tempérance, l'intelligence, la moralité, l'héritage de la famille, la générosité des bienfaiteurs. Elle le condamne quand il n'avertit pas ses associations, qu'elles aussi connaîtront les crises industrielles, si elles produisent au-delà des besoins du marché ; qu'elles aussi ressentiront le contrecoup des guerres, des épidémies, des intempéries qui rendent, très-heureusement, tous les peuples solidaires ; qu'elles aussi auront des magasins encombrés, des jours de chômages, des ventes à perte, des faillites, des misères à soulager. Elle rit de ses vanités, de ses naïvetés quand il fait nommer les chefs et les contre-maîtres par des ouvriers qui ne sont pas, plus que d'autres, exempts de beaucoup de faiblesses comme la paresse, l'insubordination, l'esprit de critique systématique, l'amour des petites vengeances, la jalousie, le goût de la bouteille, la haine des chefs, et tout cela, avec accompagnement de beaucoup d'ignorance dans l'art de gérer de grandes entreprises et d'apprécier les hommes dignes de les administrer. La France condamne encore le socialisme quand, rapportant tout à la puissance humaine, il n'admet pas l'influence des circonstances par lesquelles tout est heur ou malheur ici-bas, circonstances qui contribuent à élever les uns et à abaisser les autres, sans qu'aucune science humaine puisse les prévenir, et encore moins les dominer. La France enfin repousse le socialisme quand il veut se fonder sur la liquidation d'un ancien ordre de choses où chacun a conquis par droit de travail, d'économie ou d'hérédité un patrimoine qui lui est cher, parce qu'il a son origine dans les lois de la morale.

En son particulier, l'agriculture repousse le socialisme parce qu'il méconnaît le droit de propriété individuelle, et parce que, ne sachant rien des conditions qui font les bonnes récoltes de blé comme toutes les autres, il serait l'asservissement de l'individu par l'Etat ou par la Commune. Il n'est pas démontré à nos bons paysans que le travail associé, au-delà de certaines limites, vaudrait mieux que leur travail en famille. Il n'est pas à croire qu'ils se mettent de sitôt en commun pour élire des chefs qui leur donneraient chaque jour des ordres concernant la manière de cultiver la terre avec bénéfice. A d'autres, ces sornettes.

IV.

On a tellement envenimé cette grosse question du travail et du capital qu'on ne saurait trop mettre en relief les divers aspects qui permettent de la juger dans toute sa portée sociale. La grande lutte de notre temps, c'est la lutte du capital et du travail, lutte gigantesque qui vient de ravager Paris et d'ajouter aux plus grandes douleurs de la France. Il n'est donc pas inutile que, dans le silence et le calme de ses solitudes, l'agriculture, si indirectement qu'elle ait encore ressenti les atteintes du socialisme, médite sur des intérêts qui sont aussi les siens, parce que rien de ce qui fait les tristesses du pays ne saurait la trouver indifférente. Et d'ailleurs, la contagion du mal va très-vîte. Une fois en pied, le socialisme ne tarderait pas à chercher et à trouver, dans nos campagnes, l'argent qui est en général, le nerf de la guerre et en particulier de la guerre sociale comme il la comprend.

Développant cette idée que les institutions et les lois se ressentent toujours et partout de la prédominance de l'un des trois agents de la production, sol, travail, capital, j'écrivais en 1866, dans le *Journal d'agriculture pratique* dont la rédaction en chef venait de m'être confiée :

« Des siècles se sont écoulés où la *propriété foncière* était tout. Posséder la terre, c'était posséder toutes les influences ; c'était posséder même les hommes qui l'habitaient et la cultivaient ; c'était être seigneur et maître ;

c'était jouir de grands privilèges politiques ; c'était avoir la première voix dans toutes les circonstances où se décidait l'avenir du pays.

« Plus tard, arrive le tour du *capital*. C'est un immense progrès. Les villes se forment, la richesse mobilière se constitue, le travail est émancipé. Aux institutions féodales succèdent les institutions libérales qui ont fondé le nouveau régime européen. Mais, comme toutes les puissances dont le triomphe établit et consacre un nouvel ordre de choses, le capital fait les institutions et les lois à sa convenance. Il se rappelle son origine, ou tout au moins ses premiers triomphes les plus décisifs. Il est né, il s'est développé avec la grande industrie, avec le grand commerce. Il représente les intérêts qui l'ont fait ce qu'il est. Il parle leur langage. Il s'inspire de leur importance. Et c'est ainsi que, par la force des choses, l'aristocratie financière remplace l'aristocratie territoriale, ou tout au moins, vient lui disputer l'influence dans la direction des gouvernements et de l'opinion publique. Et c'est ainsi que, cette fois, les institutions et les lois sont le reflet d'idées qui placent le capital sur le premier plan.

« Aujourd'hui le monde économique accomplit une nouvelle évolution. Il ne s'agit plus du règne exclusif de la propriété foncière ou de la propriété mobilière. Il ne s'agit pas davantage, en dépit des théories socialistes, de consacrer la prédominance du travail. Il ne s'agit plus d'organiser des privilèges qui ont placé tour à tour, au sommet de l'état social, un jour la puissance territoriale, un autre jour la puissance industrielle, commerciale ou financière. Il s'agit de créer l'équilibre, la solidarité de la terre, du capital et du travail. Il s'agit de disposer les choses pour que toutes les forces sociales, appelées à mesurer leur importance sur leur utilité générale, tournent au profit de chacun et au profit de tous. Assez longtemps ont régné des prétentions absolues. Notre époque, au lieu de l'exclusion, veut l'harmonie équilibrée de tous les intérêts. »

Le socialisme pose donc très-mal la question lorsqu'il déclare la guerre au capital et à la propriété. Il fait table rase. Il réglemente. Il devient école autoritaire au suprême degré. Il est anti-libéral, anti-démocratique. Et de ce que l'histoire de la civilisation européenne nous montre des époques où la propriété territoriale et le capital ont été des instruments de domination politique, il n'en résulte pas que notre époque, instruite des dangers inhérents à tous les régimes exclusifs, ne doive pas profiter de la leçon du passé. Tout au contraire, c'est son honneur, ayant appris ce qu'il ne faut pas faire, de chercher à connaître ce qu'il convient de faire. La tâche est, à cet égard, largement ébauchée. Partout il n'y a pas d'étude plus attachante, pour les esprits élevés, que celle qui les porte à améliorer le sort des populations ouvrières. En somme, on sait que la misère est une mauvaise conseillère, on ne sait pas moins que la diffusion de l'aisance moyenne doit être l'objet de toute bonne civilisation, de tout gouvernement d'ordre et de liberté.

De leur côté, les populations ouvrières ont aussi quelques réflexions à faire. La liberté du travail, si elle est une de leurs plus précieuses conquêtes, est en même temps, comme tout ce qui engendre de grandes responsabilités, un de leurs dangers les plus sérieux en ce qu'elle fait parfois affluer trop de bras sur un seul point, dans une ou dans plusieurs industries qui développent leur production outre mesure. Sollicités un instant par les appels de l'industrie, par les gros salaires qu'elle leur offrait, par les chantiers de l'Etat, par les entreprises de reconstruction de Paris, par les jouissances de la vie urbaine, beaucoup d'ouvriers ont quitté leur village pour la ville. On a fabriqué, démoli, rebâti à qui mieux mieux. Il ne faut pas s'étonner si, de l'excès de tels travaux et de telles productions est résulté la nécessité d'un temps d'arrêt, c'est-à-dire du chômage. Il en serait ainsi avec le socialisme, et ceux-là qui croiraient échapper à la loi de la concurrence, à la loi qui commande l'équilibre de la production et de la consommation, ceux-là seraient frappés par les excès même de leurs prétentions. Il ne faut donc pas confondre les effets avec la cause. L'affluence, sans règle ni mesure, des ouvriers dans les villes, voilà la cause des crises industrielles, et certes, rien de cela ne serait arrivé avec de pareilles exagérations si, par une saine observation des lois économiques, la France avait mieux conservé son caractère agricole. Une fois la maladie déclarée, on a préféré se confier aux docteurs ès-socialisme. Ils ont appliqué un remède pire que le mal.

V.

Le terrain commence à se déblayer. Nous avons établi que le socialisme n'a rien de commun avec la République. Il est dans la monarchique Angleterre et dans la monarchique Allemagne. Il a son organisation internationale. Il est partout, soufflant la discorde, excitant les ouvriers, menaçant les chefs d'entreprise.

Il n'y a pas eu de gouvernement plus puissant que le second Empire pour combattre le socialisme. Il n'y en a pas qui l'ait développé davantage, parce qu'il n'y en a pas qui ait plus développé l'esprit d'indifférence, le désintéressement de la chose publique, la confiance absolue dans le régime autoritaire, chez les classes qui, par leur état de fortune ou d'instruction, pouvaient le mieux préserver les populations de la contagion des mauvaises doctrines et le gouvernement des erreurs de la toute puissance. Le feu couvait alors sous la cendre. Tandis que nous attendions tout de la sagesse des gouvernants, d'autres agissaient qui, profitant de notre quiétude, de notre insouciance, de notre oubli des devoirs politiques, devaient nous donner bientôt le spectacle des terribles déchaînements d'un peuple habitué à croire ses courtisans plutôt que ses conseillers les plus indépendants. En un mot, c'est surtout notre amour du repos, c'est surtout notre indifférence pour nos intérêts généraux qui ont fait la force du socialisme.

Plus manufacturière que la France, l'Angleterre devait, par cela même, redouter énormément l'invasion du socialisme. Nulle part, les excès de l'industrialisme n'ont posé de plus brûlantes questions entre patrons et ouvriers. Mais la liberté n'était pas absente. Elle a sauvé le pays de l'affreux cataclysme que la France, dominée qu'elle était par un régime autoritaire, a eu la honte de subir. Un prince-écrivain, le comte de Paris qui, retiré en Angleterre, a vu les hommes et les choses de près, s'exprimait ainsi dans un opuscule consacré aux associations ouvrières ou *trades-unions* :

« Le progrès social des classes ouvrières et la solution

pacifique des grandes questions qui s'y rattachent sont, dans tous les pays, indissolublement liés à la liberté politique. De tout temps, les pouvoirs qui ont restreint la liberté se sont flattés d'étouffer ces questions, ou d'exploiter à leur profit les passions qu'elles font naître. Ils ont prétendu protéger par le silence les classes riches contre les égarements populaires, et, par l'initiative de leur autorité, servir les intérêts de la classe laborieuse mieux qu'elle ne saurait le faire elle-même : double et fatale erreur qui prépare de cruelles surprises aux peuples qui peuvent se laisser bercer par une pareille illusion ! l'absence de publicité, de libre discussion, envenime, sans les résoudre, les questions sur lesquelles elle jette, pour quelque temps, un voile trompeur, et laisse se creuser un abîme entre les différentes classes d'hommes qui composent une seule et même nation...

« Ceux qui ont le plus à craindre de l'explosion des passions populaires sont les plus intéressés à les empêcher de fermenter dans l'ombre. Ils ne doivent pas moins redouter la demi-liberté, qui ne leur permet de répondre à des théories que par des théories, à des rêves chimériques que par des dissertations inopportunes sur des droits abstraits, qui, ne laissant à tous un droit inutile de parole que pour leur refuser la pratique journalière de leurs affaires, empêche ce contact incessant où toutes les idées s'adoucissent et s'épurent. Elle ne favorise ainsi que le développement des opinions extrêmes. »

Il est évident que le royal exilé pensait à la France en écrivant ces lignes, et qu'il y pensait d'autant plus que le contraste était plus frappant entre ce qu'il avait sous les yeux en Angleterre, et ce qu'il savait exister dans sa patrie. Toujours est-il que la morale de ceci, c'est que, de nos jours, les rois comme les peuples sont également intéressés à asseoir leur politique sur l'étude sérieuse de la question ouvrière. Il ne faut laisser à cet égard aucun doute dans l'esprit des populations laborieuses, afin que le problème du travail se résolve dans les calmes régions d'une paix féconde, et jamais, jamais, sous l'étreinte des révolutions. Le sang d'aucun martyr n'est utile pour gagner une pareille cause, et il ne faut pas que les entrepreneurs d'émeute appellent le peuple aux armes pour obtenir par la violence, succès trompeur bientôt suivi d'épouvantables ruines, ce qui ne peut s'obtenir que par les progrès de la raison.

VI.

Un principe considérable de notre droit national qu'il faut prendre en sérieuse considération à cause de son influence sur la marche de nos gouvernements, c'est le principe du suffrage universel. Bon gré, mal gré, il faut, ne pouvant le supprimer, fonder des institutions politiques qui puissent être acceptées et conservées par lui. Aveugles ceux-là qui, à l'instar du dernier Empire, chercheraient à l'amoindrir, à le fausser, à le dénaturer, à le transformer en docile instrument produisant, sous le patronage des autorités administratives, des députés comme il en faut à des gouvernements autoritaires, c'est-à-dire des députés sans indépendance. Seul le suffrage universel *fonctionnant librement* peut combattre le socialisme, faire respecter la décision des majorités, mettre un terme aux compétitions dynastiques qui se disputent le trône de France. Il n'y a pas de gouvernement monarchique ou républicain, qui soit au-dessus de la *souveraineté nationale*, car, en dehors de cette souveraineté, il n'y a que des minorités, et les minorités prises isolément, ne sauraient par le temps qui court faire loi pour les majorités.

On peut regretter que le suffrage universel soit venu trop tôt, en ce sens qu'il a devancé l'état de maturité politique pour un très-grand nombre d'électeurs. Mais, il est douteux qu'aucun gouvernement cherche à arriver sans lui, et une fois arrivé, à le supprimer comme une chose dont le besoin n'existe plus. Ce serait jouer aux révolutions.

Si donc, le suffrage universel ne peut être ni supprimé, ni faussé, il faut absolument et franchement accepter la nouvelle puissance et demander aux divers gouvernements comment ils pourraient vivre avec elle. Il y a là une question de premier ordre.

Comment la monarchie de droit divin vivrait-elle avec le suffrage universel? Quelle investiture pourrait-il lui donner à elle qui règne par la grâce de Dieu, qui tire ses pouvoirs d'en haut, qui n'admet pas l'examen de son principe, qui échappe à toute volonté humaine, et qui prétend n'avoir de fin que celle qu'il plaît à la puissance céleste de lui assigner?

L'expérience n'a pas encore été faite en France sur cette alliance de la souveraineté royale et de la souveraineté nationale. La légitimité peut invoquer son passé, elle ne citera rien qui autorise à croire que, mise en présence du suffrage universel, dans un pays de nombreuses compétitions au pouvoir suprême, elle saura résister aux attaques incessantes des partis coalisés contre elle, et d'autant plus coalisés à outrance que, leur opposant ses droits d'hérédité dynastiques, elle prétendra leur fermer la porte à perpétuité. Que la légitimité fasse donc valoir sa force de stabilité, on lui objectera continuellement que, jusqu'à présent, cette force de stabilité a été abattue par deux révolutions, et que, désormais, le suffrage universel, surexcité par les prétentions évincées, prétentions si nombreuses en France, lui livrerait de rudes assauts.

Certes, il y a quelque chose d'admirable, quelque chose de très-respectable dans la foi inaltérable de certaines grandes familles de France en ce qui touche le principe de la *monarchie légitime* représenté par le dernier survivant de l'antique race des Bourbons. Il n'est pas douteux que si l'esprit de soumission traditionnelle envers le principe d'autorité royale, qui caractérise ces familles légitimistes, était l'esprit général de la France, au lieu d'en être la très-faible exception, la France serait, à certain point de vue, plus facilement gouvernable. Mais qu'est devenu le vieux prestige de la royauté et de l'aristocratie qui l'accompagnait ?

On donne à entendre que la tiédeur, ou pour mieux dire, l'absence de notre foi monarchique, cause ou conséquence de l'affaiblissement de notre respect pour le principe d'autorité, c'est là précisément ce qui a le plus engendré notre instabilité politique. C'est une manière comme une autre de plaider pour le passé. Ce n'est pas suffisant pour faire de la politique appropriée à l'esprit du siècle, à l'esprit national. Les peuples ne sont pas toujours oublieux. La royauté des Bourbons est tombée, en France, pour avoir voulu mêler les choses de la religion aux choses de la politique, c'est-à-dire pour avoir trop subordonné le trône à l'autel. La religion n'y a pas gagné. On peut même dire que, rendus solidaires dans leurs envahissements respectifs, le pouvoir monarchique et le clergé ont naufragé ensemble. On ne voudrait pas, surtout dans l'intérêt de la religion catholique qui est la religion dominante du pays, recommencer l'expérience avec une royauté que près d'un demi-siècle d'exil a tenue en dehors de nos intérêts, de nos idées, de nos sentiments. La France libérale honore les hommes fidèles à leurs convictions politiques. Elle ne veut pas être victime de leurs entraînements. Elle ne croit plus que le principe d'autorité, principe auquel elle tient beaucoup, soit exclusivement représenté par un homme, par une dynastie dont le prestige sur les masses n'existe plus. Elle croit que ce principe réside dans la loi, non dans le prince. Elle est démocratique. Elle estime qu'elle fondera le respect des lois en prouvant, sous le règne du suffrage universel, que la loi, c'est la volonté nationale, ou en d'autres termes, la *sagesse des majorités*. Là sont les bases du principe d'autorité. Les chercher ailleurs, c'est ne pas comprendre notre esprit national en ce qu'il a de plus expressif.

La monarchie constitutionnelle de la famille d'Orléans serait-elle mieux appropriée à la situation ?

Ici encore manque l'expérience du fonctionnement de cette monarchie avec le suffrage universel. A juger même la question au point de vue historique, il n'est pas permis d'oublier que si la monarchie de juillet est tombée en 1848, c'est surtout parce qu'elle s'est obstinée à ne pas élargir le cercle de son régime électoral. Elle ne voulait même pas de l'adjonction des capacités. Elle s'en tenait à son corps de censitaires, c'est-à-dire au suffrage de la bourgeoisie payant une somme assez ronde d'impôts. Seuls, les gros contribuables étaient électeurs. Aussi était-ce, pour l'opposition, un thème admirable que cette situation privilégiée de la bourgeoisie nommant des députés de son choix, députés représentant nécessairement les intérêts exclusifs de leurs mandataires, les uns les intérêts de la grande propriété, les autres, en plus grand nombre, ceux de l'industrie et du commerce. Les fonctionnaires publics servaient tout naturellement d'appoint à la majorité ministérielle. Tout se passait en famille, et c'est ainsi que, pour avoir refusé à temps certaines réformes, entr'autres la réforme électorale, on a laissé passer en 1848 une révolution dont l'un des premiers actes a été la proclamation du suffrage universel. On peut donc soutenir que la monarchie de juillet a sombré, pour n'avoir pas voulu, non pas du suffrage universel, mais tout simplement d'une extension de l'ancien régime censitaire. Grande fut la faute : la France ne serait pas ainsi arrivée d'un seul bond au droit de vote universalisé ; elle eût procédé par étapes, par annexions successives, à l'anglaise, sans secousses.

Le monopole électoral de la royauté de Juillet n'a pas peu contribué à irriter, contre les bourgeois politiquement privilégiés, les populations ouvrières qui n'avaient pas droit de vote. Tels sont tous les monopoles, tous les priviléges de ce genre. Ils créent de nombreuses irritations, ils isolent le pouvoir, ils servent de thèse pour toutes les oppositions. Peu à peu, les ouvriers en arrivèrent même à croire que la situation politique de la bourgeoisie était pour beaucoup dans l'accroissement de fortune de cette classe, et que, par là aussi, toutes les fonctions publiques étaient le monopole des favorisés qui pouvaient obtenir la protection soit des notables électeurs, soit des députés en mesure d'être utiles ou agréables aux ministres. De là à croire que l'extension du droit électoral aux populations ouvrières leur permettrait d'améliorer leur sort matériel et leur donnerait le pouvoir de refaire l'ordre social à leur convenance, il n'y avait qu'un pas. Et ce pas, le peuple l'a fait contre la monarchie de Juillet, en sorte qu'aujourd'hui il n'est pas très-logique de conclure de ce passé à un présent dans lequel la monarchie de Juillet vivrait en bonne intelligence avec le suffrage universel installé malgré elle et contre elle. On aime en elle ses princes-soldats qui furent toujours français sur les champs de bataille. Mais la politique n'est pas sentimentale : elle doit même se mettre en garde contre toute disposition du cœur qui la porterait à méconnaître les hauts enseignements de l'expérience, pour sacrifier un grand pays à de sympathiques individualités dont la bonne volonté ne suffirait peut-être pas aux difficultés du présent. Sans doute, les princes d'Orléans ont une haute réputation d'honnêteté, sans doute ils ont étudié à bonne école, en Angleterre même, le fonctionnement régulier du régime parlementaire. *Mais l'Angleterre n'a pas le suffrage universel*, elle n'a pas plusieurs prétendants dynastiques, et elle a, dans son aristocratie respectée, dans sa bourgeoisie entreprenante et positive, dans sa royauté non contestée, un ensemble de garanties d'ordre et de liberté qui lui permettent d'obtenir les réformes sans les révolutions. Telle n'est pas la France, et telle il n'est pas permis d'espérer qu'elle devienne par un coup de baguette monarchique opérant un changement de décors à vue.

On a parlé de la fusion des deux branches de Bourbon,

à ce point que le drapeau blanc ne serait plus qu'une troisième partie du drapeau tricolore. Ceci prouverait que, dans les familles monarchiques, il n'y a pas d'irréconciliables. Mais serait-ce supprimer les torts qui ont amené les révolutions de 1830 et de 1848? Serait-ce absoudre la branche cadette d'avoir usurpé la place de la branche aînée? Serait-ce prouver que la maison de Bourbon réconciliée pourrait vivre avec le suffrage universel et résister à toutes les obsessions, à tous les envahissements des partisans de l'ancien régime, ceux-là qui, de tout temps, veulent être plus royalistes que le roi?

On doit se poser toutes ces questions. Elles ont une très-haute gravité, car si, par suite de la fusion, il n'y avait plus que deux prétendants monarchiques au lieu de trois, il ne faudrait pas perdre de vue que ces deux prétendants se présentent l'un et l'autre, avec le régime constitutionnel à la main. Bonapartes et Bourbons, impérialistes et royalistes, ne veulent qu'un trône entouré d'institutions républicaines, une république présidée par un roi ou un empereur, une monarchie à l'anglaise. Le programme est séduisant, mais il est à souhaiter que la France, en ce moment trop émue, trop affligée, se donne le temps d'examiner les titres de tous ses prétendants. Tout l'y convie. Ce système nous permettra de nous calmer, de nous recueillir et de faire, sous le bénéfice de l'abdication provisoire des partis, et sous la direction du chef du pouvoir exécutif actuel, les affaires du pays tout entier.

Mais n'anticipons point. L'empire est aux portes. Il possède encore les sympathies de cette partie de la population qui, ressemblant en cela à certains princes d'ancien régime, n'a rien appris ni rien oublié.

Voyons les titres de l'empire.

VII.

Alexis de Tocqueville, l'auteur d'un ouvrage très-estimé sur l'*Ancien régime et la révolution*, paraît avoir apprécié très-justement l'Empire lorsqu'il a écrit sous forme de généralité : « Une nation fatiguée de longs débats, dit-il, consent volontiers qu'on la dupe pourvu qu'on la repose, et l'histoire nous apprend qu'il suffit alors de ramasser dans tout le pays un certain nombre d'hommes obscurs et dépendants, et de leur faire jouer le rôle d'une assemblée politique, moyennant salaire. »

N'est-ce pas là l'histoire de l'empire avec cette réserve que si les députés officiels avaient, dans la vie privée, ce qu'on appelle la probité des honnêtes gens, on peut soutenir d'autre part, que la protection des ministres, des préfets, des sous-préfets et autres fonctionnaires convertis en courtiers d'élection, leur créait, par le fait de la pression administrative sur le suffrage universel, une situation de dépendance envers le pouvoir ?

On a prétendu que, dans ses derniers temps, l'empire allait, lui aussi, entrer dans le régime constitutionnel. Il est certain qu'il voulait n'aborder cette phase de sa mission qu'avec le prestige de grands triomphes militaires. Il savait que, rappeler ces triomphes à une assemblée parlementaire, ce serait, dans les situations difficiles créées par les luttes de la tribune et de la presse, échapper à de très-grands embarras ministériels et dynastiques. Il partit donc en guerre.

Malheureusement, il n'en revint pas, ou plutôt, après

quelques jours d'entrée en campagne, l'Empire infligeait à la France un de ces épouvantables désastres militaires qui, s'ils ne tuent pas un pays, condamnent à jamais le gouvernement qui les a provoqués. Entre l'Empire et la France vaincue par l'Allemagne, il y a Sedan.

Après Sedan, tout pouvait, dit-on, se réparer, en ce que, par des traités avec la Russie, traités naguère secrets à propos desquels le parti bonapartiste fait beaucoup de bruit aujourd'hui, la France impériale était garantie de l'intégrité de son territoire et n'avait à payer qu'une très-faible indemnité en argent. Mais, et le parti insiste sur ce point, le czar entendait ne garantir ainsi que l'empire français et nullement la République. D'où cette conséquence que la République, ou pour mieux dire, le gouvernement de la défense nationale a perdu la France en poursuivant la guerre à outrance, tandis que l'empire restant debout et concluant la paix après Sedan, conservait, dit-on, la Lorraine et l'Alsace, épargnait beaucoup de sang généreux, prévenait beaucoup de ruines, ménageait considérablement nos finances.

Cette possibilité de signer une telle paix après Sedan, fût-elle aussi réelle qu'on l'a dit et écrit, il n'est nullément démontré que l'Empire serait resté debout après avoir essuyé des revers militaires comme notre histoire nationale, au plus fort de nos plus grands malheurs, n'en a jamais enregistré. Avec une pareille responsabilité, l'Empire n'en avait pas pour longtemps; et, parmi nos souverains en exil, il n'y en a pas un seul, un seul, qui ait laissé à son départ et par sa faute personnelle, une France humiliée à ce point, pas un qui se soit élancé avec une telle légèreté dans une guerre qui, de l'aveu général, devait être formidable, pas un seul qui ait osé commander en chef avec aussi peu d'énergie et de talent, une armée admirable de bravoure et d'entrain, pas un qui ait légué de plus grandes difficultés à ses successeurs. L'empereur Napoléon III n'était plus possible. Il est tombé comme tombent les souverains dont personne, au moment de la chute, n'ose justifier les erreurs. Encore une fois, c'est toute la dynastie napoléonienne qui a dû prendre le chemin de l'exil, car, devant l'indignation publique, devant les Prussiens qui s'approchaient de Paris, c'eût été plus que de la témérité de proclamer Napoléon IV, avec une régence. Comme tant d'autres princes, le jeune Napoléon devenait solidaire des fautes paternelles. Sa place n'était ni à la tête des troupes qu'il venait de quitter, et qui, d'ailleurs, chose sans précédent, étaient prisonnières de guerre, ni à Paris qui était à juste raison furieux, ni à la tête d'un gouvernement dispersé par une révolution.

A d'autres, la tâche de sauver la France. Les Napoléon étaient en ce moment frappés d'impuissance, et ceux-là qui, le danger passé, viennent dire qu'ils pouvaient tout réparer, ceux-là ne tiennent nul compte d'un fait immense, de l'un de ces faits qui, tôt ou tard, sont l'irrésistible condamnation d'une dynastie. Ce fait, c'est la France se souvenant de sa défaite, la reprochant sans cesse à ses auteurs, et finissant, de griefs en griefs, par mépriser, par briser un gouvernement dans lequel était autrefois toute sa confiance. Plus grande était la déception, plus grand devait être le châtiment.

Oui, la France, la France rurale surtout a mis de nombreux dévouements au service de la dynastie napoléonienne. Oui, en mai 1870, lors du dernier plébiscite, elle a voté de manière à laisser croire à des commentateurs superficiels, que la dynastie avait toute la confiance d'une immense majorité. La vérité, c'est que pour beaucoup d'électeurs, même ruraux, le vote affirmatif a été plutôt une protestation contre le socialisme qu'une adhésion à la politique impériale. Il y avait alors une école libérale qui, n'attachant pas une très-grande importance à la forme gouvernementale, et désireuse de faire des réformes au lieu de révolutions, espérait que, par la toute puissance de l'opinion publique devenant de plus en plus éclairée, l'Empire arriverait à se transformer complètement en gouvernement d'ordre et de liberté. Beaucoup de ceux-là n'avaient pas voté pour l'établissement de l'Empire en 1852. Mais, s'inclinant devant le principe de la souveraineté nationale, ils voulaient améliorer nos institutions, non les renverser. Républicains, ou tout au moins libéraux par conviction, ils savaient que le socialisme était le plus grand danger de tout gouvernement régulier; ils votèrent donc pour le plébiscite *par haine du socialisme* qui, à cette époque, il ne faut pas l'oublier, prêchait ouvertement la guerre du travail contre le capital, du pauvre contre le riche, de l'ouvrier contre le patron. Cette fois encore, l'Empire profita de la peur du spectre rouge. Tel fut le vrai motif qui lui valut beaucoup de voix.

Mais, il était bien entendu qu'il y avait ensuite compte à faire avec l'Empire. Pour sa propre part, l'agriculture avait passablement de revendications à formuler. On avait fait beaucoup de tapage à propos d'une grande enquête officielle de 1866-67. Puis, un beau jour, après le vote plébiscitaire, remarquons bien la date, un ministre de l'agriculture s'était trouvé qui, dans un rapport à l'empereur, avait fini par déclarer que, tout bien pesé, l'agriculture avait à peu près tout le nécessaire, qu'elle avait fait la grosse voix pour demander beaucoup de choses inutiles ou impossibles, et que, d'ailleurs, l'état de nos finances et de nos relations étrangères, comme aussi les énormes besoins de nos armées, exigeaient absolument l'ajournement des satisfactions réclamées par l'industrie rurale. C'était donc une fin de non-recevoir octroyée en toutes règles aux réclamations de l'agriculture dans l'enquête ; mais toujours est-il que les motifs de réclamation subsistaient, que le gouvernement restait l'obligé et le débiteur, et qu'on lui reprochait avec raison, à lui qui avait dit : *l'Empire, c'est la paix*, d'avoir donné au pays le droit de dire à son tour, et avec plus de vérité : *l'Empire, c'est la paix armée*, c'est le régime des gros impôts et des grosses armées, c'est l'antagonisme outré des villes et des campagnes, c'est le régime du fonctionnarisme à son apogée, c'est le suffrage universel faussé, c'est la France sans alliance avec l'étranger, c'est la France qui a guerroyé avec tous les peuples, qui a semé partout des irritations et des défiances, qui a parlé d'une manière et agi de l'autre, qui a affaibli des peuples dont elle avait besoin tandis qu'elle aurait dû empêcher d'autres peuples dangereux de grandir à ses dépens, et qui bientôt, n'ayant plus une seule faute à commettre, récoltera la guerre sans avoir ce qu'il faut pour la soutenir avec succès.

Mais si tel était l'Empire, est-il bien sûr que telle était la France?

Non, la France avait eu le tort, durement expié, hélas ! de se livrer à un seul homme. Comme l'a écrit M. Thiers, dans sa dernière page de l'*Histoire du Consulat et de l'Empire*, elle avait oublié cette haute leçon, tirée de la vie d'un homme de génie, à savoir que jamais, quel que soit le génie d'un souverain, quelles que soient les circonstances, il ne faut remettre à un seul homme le droit de tout faire, parce que la sagesse est impossible à un chef d'Etat qui peut tout ce qu'il veut, et qui est d'autant plus flatté, plus courtisé, plus trompé, qu'il est plus puissant, moins contenu, moins contrôlé.

Les populations rurales ont, plus que d'autres, le droit d'être sévères envers l'Empire, car elles ne lui ont rien refusé, elles lui ont tout donné, même un pouvoir qui l'a perdu parce qu'il était excessif, et parce qu'habituant les hommes d'ordre à croire qu'ils n'avaient aucune responsabilité dans les destinées du pays, responsabilité endossée uniquement par le chef de l'Etat, il est arrivé ce qui devait arriver : les hommes de désordre se sont emparés de la place laissée vacante par un pays trop confiant, sinon trop indifférent. En somme l'Empire s'est liquidé par la guerre, l'invasion, la perte de deux de nos plus belles provinces, une dette publique écrasante....... Puissent nos campagnes ne jamais oublier le mal qu'il a fait à la France, le mal qu'il a fait dans le monde !....

VIII.

Que va faire la population rurale ? de quel côté, par sa majorité électorale, fera-t-elle pencher la balance lorsque la France sera appelée à prononcer sur la forme de son gouvernement ?

Des hommes excessifs, des hommes avec arrière-pensée, des hommes consultant leurs passions plutôt que leur raison, sont coalisés en ce moment pour exploiter, au profit de leurs prédilections, certaines dispositions de la province à donner enfin aux parisiens une de ces leçons qui font date en l'histoire d'un peuple. Trop souvent, Paris ne prenant conseil que de lui-même, a culbuté des gouvernements faits en province pour leur substituer violemment des gouvernements de son choix. Et s'il est vrai. que, plus tard, la province, toujours ennemie des fortes commotions, ait accepté les faits acquis et ratifié les décisions de la capitale, il paraît juste que, par esprit de représailles, la province prouve à Paris que les gouvernements qu'elle fonde, elle entend aussi les maintenir.

Tout cela s'imprime, tout cela court les champs et les villes de province.

Mais, il est un langage plus élevé, plus digne, plus national qui, dominant les petites passions de parti, s'adressant à tous les nobles sentiments, vient poser la grande question du moment sur un terrain à plus larges horizons. On dit alors : les populations rurales sont le nombre : elles doivent être la sagesse, et la sagesse ne décide rien par amour-propre. La question n'est pas de savoir si Paris a fait et défait des gouvernements, et s'il faut lui donner une leçon. La question est de savoir quel gouvernement convient à une nation dotée d'une ville de deux millions d'habitants dans laquelle viendront toujours et les plus grandes intelligences, et les plus grandes notabilités, et les ouvriers les plus habiles, et aussi, les populations les plus dangereuses qui cherchent à la fois l'immensité pour se cacher et la richesse pour exercer leurs méfaits, leurs rapines, leurs crimes. Que cette ville soit ou non capitale, elle aura toujours une importance considérable, elle sera toujours l'un des foyers les plus brillants de la civilisation, toujours une immense place de commerce, un gouffre de consommation, un centre industriel de premier ordre, toujours une ville à population recrutée dans tous les pays, toujours une ville qui pèsera d'un poids énorme sur nos destinées générales. Ce n'est pas là une théorie sociale. C'est un fait, un de ces faits que les hommes positifs prendront constamment en sérieuse considération. Pas de passion, pas de rancune. Paris lui-même est rudement éprouvé, il vient d'apprendre à ses dépens ce que peuvent faire des scélérats trompant sciemment des ouvriers surexcités, abusés, violentés. Paris porte le deuil de ses anciennes splendeurs. Il ira vers le salut, non vers la chute.

Si les populations rurales, les plus nombreuses au scrutin, se décident à faire pour la liberté ce qu'elles ont fait jusqu'à présent pour l'ordre, le plus grand de nos problèmes politiques sera résolu. Nous aurons un gouvernement d'ordre et de liberté, assis sur des bases solides. Venant du suffrage universel, la liberté n'aura pas le péché originel qu'elle aurait, venant des barricades, c'est-à-dire de la violence. Dans ces conditions, elle durera. Jamais donc, le monde rural n'eut un plus beau rôle. Il peut, par son esprit de modération, fonder et surtout conserver ce que d'autres ont vainement cherché à fonder et conserver par leurs exagérations. C'est par ce qu'elles valent par elles-mêmes qu'il doit juger les institutions. Toute autre manière d'apprécier les choses donnerait la parole aux partis et à leurs passions. Ce ne serait que l'éternelle répétition de nos grandes luttes politiques, luttes stériles dans un pays où, en outre de la république, trois monarchies se disputent le pouvoir.

IX.

Le problème est celui-ci :

Préparer l'évacuation de notre territoire par les armées allemandes, — réorganiser nos services publics, — réparer nos routes, nos chemins de fer, nos canaux, nos monuments, — refaire notre armée, — rétablir notre crédit, — apprendre au monde comment un peuple appelé naguère *la grande nation* relève son honneur, comment il châtie, dans l'intérêt de la civilisation générale, les coupables qui viennent de piller, de brûler et d'ensanglanter sa capitale, — ramener le respect des lois du pays et le respect des engagements entre particuliers, — jeter les premières bases de la décentralisation pour que chaque localité devienne une école de la vie publique, — relever le prestige de l'administration en ne la compromettant plus dans les luttes électorales, — calmer les esprits, — généraliser l'idée de solidarité. Voilà la première partie du problème. C'est la France malade à guérir d'abord, c'est le magnifique programme de M. Thiers, l'homme d'Etat qui nous a valu la conclusion de la paix, le retour à Paris, et tout un ensemble d'améliorations dont nous apprécierons mieux l'importance à mesure que le calme renaîtra dans les idées et dans les choses.

La seconde partie touche à la constitution politique. C'est la France guérie et faisant acte de nation qui possède toute sa liberté d'esprit, toute sa vigueur, toute sa connaissance des causes qui amènent la maladie comme de celles qui rendent et conservent la santé.

Il serait difficile, quant à présent, de déterminer la période de temps qui devra être consacrée à la première partie de notre grand problème. Les événements décideront. Rien ne presse, d'ailleurs, car il y a, à la tête du pouvoir exécutif, un homme qui a donné assez de garanties au pays, précisément en ce qui concerne notre réorganisation, pour que le pays n'éprouve nul besoin de mettre les partis aux prises sur le terrain brûlant d'une constitution. L'intelligence des électeurs ne s'y est pas trompée lorsque, sans aucune pression, et par une tacite et remarquable entente, elle a nommé M. Thiers représentant de plus de vingt départements. Il y a là un hommage solennel rendu aux services, à la réputation d'un homme d'Etat qui, dans la pensée générale, pouvait obtenir les conditions de paix les moins onéreuses pour la France vaincue et privée alors de tous moyens de combattre.

Ce que l'élu du 18 février 1871 a fait depuis son élévation au pouvoir, il n'est pas nécessaire de le dire ici. Mais ce qu'on peut affirmer, *c'est qu'aucune monarchie ne pouvait, avec le même succès, se consacrer à pareille œuvre*, et la raison en est simple, c'est qu'une dynastie, en telle situation, risquait de perdre bientôt toute popularité, puisqu'il n'y avait que des sacrifices à demander au pays, et que, pour une dynastie prodiguant tous ses dévoûments, il y en aurait eu deux autres rendues irréconciliables. Joignez à cela l'opposition des républicains, les colères des forcenés qui s'apprêtaient à opprimer la capitale, et voyez quelle eût été la triste situation d'un pouvoir monarchique en présence de cette formidable coalition d'adversaires. Ainsi, du reste, les divers prétendants ont apprécié la situation. Ils ont compris les embarras du pays. Ils sont restés à distance, laissant à leurs partisans de rivaliser de zèle pour sauver tout d'abord la France en ne compliquant pas ses affaires par des questions de dynasties.

Que M. Thiers continue donc son œuvre. Déjà, l'Assemblée nationale a déclaré qu'il a bien mérité de la patrie. Pourquoi donc, de son côté, la France reconnaissante pour de grands services rendus, ne laisserait-elle pas, jusqu'à de meilleurs temps, le pouvoir à l'une des plus hautes sommités de son monde politique, alors que cette sommité jouit, au dehors comme au dedans, d'une estime qui, elle aussi, elle surtout, est la force et le prestige des hommes de gouvernement ? La France, isolée par la politique impériale, a besoin de rentrer dans le concert international ; mutilée, désorganisée au dedans, elle a besoin d'un puissant réorganisateur qui ait la longue expérience des services civils et militaires, qui ait aussi l'expérience des hommes, qui sache soutenir des luttes de tribune et déjouer au besoin les manœuvres des partis, qui marche droit vers un but, qui attire les bonnes volontés, qui soit enfin un grand politique. C'est donc une bonne fortune pour elle d'avoir trouvé M. Thiers.

Ainsi se ferait, en France, une expérience qui ne s'y est jamais faite en des conditions aussi concluantes. En 1848, nous avons mis à la tête d'une république un prince prétendant qui, à Boulogne et à Strasbourg, était venu réclamer la couronne de son oncle. C'était exposer ce prétendant à des tentations auxquelles, à moins d'être plus qu'un homme, nul ne saurait résister. Le prince président a su manœuvrer de manière à devenir empereur. Aujourd'hui, le chef du pouvoir exécutif n'a dans ses veines aucun sang royal ni impérial. C'est un grand citoyen qui s'est élevé par son talent d'écrivain, d'orateur, d'homme d'Etat. Sa réputation est universelle. Il a tout fait pour conjurer la déclaration de guerre, pour conquérir l'Empire aux institutions libérales, pour faire prévaloir les intérêts de la France dans sa politique extérieure. Les représentants des puissances étrangères eux-mêmes le félicitent chaque jour d'avoir, en ces derniers temps, lutté pour la civilisation toute entière. Après une longue carrière parcourue au service ou en présence de monarchies auxquelles il a donné les avertissements les plus salutaires, le chef du pouvoir exécutif actuel ne peut que faire profiter son pays d'une expérience qui lui permet de rendre encore d'éclatants et utiles services. Sans contredit, aucune monarchie ne saurait, pour l'instant, nous procurer plus de repos, plus de sécurité, plus de prospérité. Une épouvantable insurrection vient d'être vaincue, sans le concours d'un chef monarchique. N'est-il donc pas évident que l'organisation qui a prouvé sa force d'une telle manière, doit et peut rassurer l'ordre social contre toute attaque?

X.

Sans doute, un instant décisif viendra où nous aurons à ne plus reculer devant l'adoption d'une constitution définitive, c'est-à-dire à nous prononcer entre la République et la monarchie. Le suffrage universel sera le souverain juge en pareille matière. Mais, dès à présent, et sans méconnaître ici la supériorité de formules plus philosophiques, les hommes qui ont vécu quelque peu de la vie rurale, sont assez autorisés à affirmer que, dans les campagnes, ce qu'on demande par-dessus tout, *c'est un gouvernement libéral, issu de la volonté nationale, faisant respecter les lois, et très-carrément anti-socialiste.* On regarde le socialisme, tel qu'il s'est produit avec ses allures autoritaires, comme l'adversaire de la liberté et de l'ordre, et chose qui doit aggraver ses torts auprès des populations ouvrières, comme le plus grand des désorganisateurs du travail.

Est-ce là de la réaction ? Non, c'est une simple affirmation du bon sens des masses rurales. Elles défendent en cela les principes de 1789 eux-mêmes. Elles ne veulent pas que les minorités fassent la loi aux majorités. Elles veulent le suffrage universel avec toutes ses conséquences, et certes, tous les hommes de progrès doivent se réjouir que, dans un pays où le principe du droit divin et le principe de la souveraineté nationale se disputent le gouvernement, les populations rurales qui sont les plus nombreuses, se rangent du côté du principe de la souveraineté nationale. C'est un pas considérable en avant. Si le sens politique se généralise, il faut saluer dans ce progrès le gage de toutes nos réformes sans révolutions.

Dans les campagnes, on n'a pas la manie de légiférer sur tout, on est assez disposé, après les exagérations de l'Empire, à voir d'assez mauvais œil l'intervention du gouvernement dans les choses agricoles et industrielles. On a appris à ses dépens que ce que fait l'Etat coûte cher, que ce qu'il donne coûte cher, que ce qu'il prend ne revient pas, que d'ailleurs, il n'agit jamais sans une arrière-pensée politique, sans un intérêt pour quelques privilégiés. On voudrait moins d'intervention, moins de tutelles, moins de réglementation, moins de fonctionnaires publics, moins de centralisation. On applaudit à l'organisation municipale actuelle. On attend une organisation cantonale qui ait son budget de travaux publics. On verrait sans regret supprimer beaucoup de sous-préfectures qu'on appelle volontiers les cinquièmes roues des carosses administratifs. On espère que les conseils généraux, cette pépinière d'hommes connaissant bien leur pays, auront de plus larges attributions et qu'ils auront plus d'argent à dépenser dans le département. On désire une justice moins coûteuse, moins formaliste, plus expéditive. On comprend que tous les Français doivent être soldats jusqu'à un certain âge, et que nos villages seront moins exposés à l'oisiveté des jours de fête quand la jeunesse aura le goût et le devoir des exercices militaires. On est prêt à fréquenter les écoles, les musées, les bibliothèques lorsque les devoirs de la vie publique, plus sérieusement exercés, habitueront les citoyens à la nécessité de s'instruire au village comme à la ville. On n'insiste plus, comme naguère, sur la réduction des dépenses publiques. On sait que les emprunts de l'empire et de la défense nationale ont accru énormément le montant des intérêts annuels de notre dette publique, et que si beaucoup de fonctions peuvent être supprimées sans danger pour la marche des affaires administratives, il n'y a pas lieu d'espérer, pour ces prochaines années, une notable diminution des impôts. Seulement, on voudrait planter quelques jalons sur le terrain des réformes financières tendant à la réduction des dépenses générales de l'État au profit des dépenses locales.

Les campagnes ne sont donc pas très-exigeantes. Elles

n'ont pas de programme à sensation. Mais, au fond de leurs désiderata, il est visible qu'elles sont pour un gouvernement qui, au lieu de se poser en Providence dispensant la pluie et le beau temps, ouvrirait de larges issues aux initiatives individuelle et collective. Ces deux initiatives peuvent faire beaucoup de créations utiles. Elles auront surtout une excellente vertu, celle qui élève les sentiments des gouvernés, qui propage la notion des libertés et des responsabilités nécessaires, et qui permet aux gouvernants d'accentuer d'autant plus sûrement leur marche vers le beau, l'utile et le bien, que les gouvernés savent apprécier et seconder par eux-mêmes les œuvres d'utilité générale. On croyait jadis qu'il était plus facile de gouverner des populations ignorantes que des populations cherchant à se rendre compte de tout. Il faut voir les hommes et les choses du présent d'une toute autre manière. La France rurale a besoin d'initiative, venant d'elle-même. C'est en donnant satisfaction à ce besoin qu'elle ne redoutera pas le socialisme. Prouver aux populations que les élus de la fortune et de l'instruction veulent sérieusement l'accroissement de l'aisance moyenne par le travail et l'économie, voilà la meilleure manière de démontrer au socialisme, impuissant à bien faire sur le terrain de l'application, qu'il excelle à détruire autant qu'il est nul pour édifier.

XI.

Il est dans l'esprit et dans les habitudes des monarchies déchues de croire en leur avenir, et dès-lors, il est de leur intérêt de ne pas risquer de se dépopulariser en cherchant, par trop de précipitation, à ressaisir le pouvoir dans les circonstances difficiles. Rien n'est donc plus naturel, dans notre état actuel de confusion, qu'elles ne tiennent pas beaucoup à prendre la place d'un gouvernement, plus ou moins provisoire, plus ou moins anonyme, qui endosse toute la responsabilité de la mauvaise besogne. Pour les habiles, ce gouvernement travaille au profit d'autrui. La France, espèrent-ils, voudra du définitif, elle oubliera les difficultés vaincues et les vainqueurs de ces difficultés ; elle ne verra même dans ses sauveurs que les sacrifices qu'ils lui auront imposés pour réparer les fautes de leurs devanciers, et, infidèle, volage, routinière, cherchant le repos à tout prix, croyant que la monarchie, c'est le repos pour les gouvernés, elle reviendra à la monarchie. Et ce retour, on l'attend surtout des campagnes, à cause de leur opposition aux villes qui préféreraient la République.

Cette croyance que la monarchie, c'est la responsabilité pour les gouvernants et l'irresponsabilité pour les gouvernés, voilà précisément l'un des grands dangers de la situation. En ceci, on pense toujours aux *monarchies sans suffrage universel*, ou bien au gouvernement personnel de l'Empire qui, pour son malheur et notre démoralisation, mit son habileté à corrompre le suffrage universel, non pas en masse, mais en le faisant diriger par des fonctionnaires et par des meneurs qui avaient tout intérêt à seconder le gouvernement dans ses entreprises. On oublie trop qu'avec le suffrage universel d'une part, et le socialisme d'autre part, la monarchie n'est plus un oreiller de paresse pour les citoyens. Il n'y a plus aujourd'hui de berger qui puisse à lui seul garder le troupeau. Il n'y a pas davantage de césarisme, de souverain à poigne, de souverain constitutionnel qui, par ses fonctionnaires et ses grosses armées, puisse à lui seul défendre l'ordre social. Un gouvernement peut arriver par le suffrage universel. Il ne saurait se maintenir que par l'opinion publique, non pas l'opinion publique lui vouant une affection platonique, mais l'opinion publique faisant bonne garde, distinguant entre les oppositions systématiques et les oppositions consciencieuses, refusant ses sourires et son indulgence aux parleurs et aux écrivains qui rient de tout, critiquent tout, et pour un mot d'esprit à placer, ne veulent pas voir l'ennemi qui écoute aux portes, s'empare d'idées qu'il travestit et entraîne bientôt à sa suite l'armée des mécontents, des vaniteux, des ambitieux, des ignorants.

Seule la République peut supporter le suffrage universel et avoir raison des *communeux* et des socialistes. Seule, par cela même qu'elle universalise les droits, les devoirs, les responsabilités, elle peut développer les habitudes d'initiative et de solidarité par lesquelles un pays se garantit contre les révolutions. Là est la stabilité ; elle n'est pas derrière nous, elle n'est pas dans les institutions monarchiques du passé ; elle est devant nous si nous savons fonder des institutions qui trempent les caractères et fassent des hommes voulant le progrès par l'ascendant de l'opinion publique.

Il est vrai que cette participation des citoyens aux affaires publiques n'est pas du goût de tout le monde. Aussi les promoteurs de l'idée monarchique tirent-ils grand parti de cette situation d'esprits avides de repos. Mais, à moins de croire que du jour au lendemain, et *pour longtemps*, toute la France va abdiquer devant le principe d'autorité, il faut penser, non pas seulement aux moyens d'arriver par des promesses, mais encore à la tâche du lendemain, alors que le gouvernement de notre choix sera aux prises avec la réalité. Les postulants ne se préoccupent pas assez de ce lendemain, et c'est ainsi que, la veille, ils promettent une foule de choses qui les embarrassent très-fort lorsqu'ils sont parvenus. J'ai bien peur qu'en mettant en avant *l'idée de repos* et *l'idée de stabilité,* les monarchistes ne fassent espérer ce qu'ils ne pourraient tenir s'ils relevaient le trône. Voudraient-ils, par hasard, supprimer à leur heure le suffrage universel, ou renouveler les manœuvres électorales du césarisme? Ce n'est pas à croire. Mieux vaut prendre les choses du bon côté et admettre ici la puissance de l'illusion.

L'idée républicaine, au contraire, c'est l'idée de la responsabilité et de l'activité générales. Voilà pourquoi, elle est le salut, puisque la France ne peut être sauvée que par la France.

Est-ce à dire que, sous la République, tous devront négliger leurs affaires personnelles pour vivre surtout de la vie publique? Serons-nous toujours alors sur le forum, tantôt avec un bulletin, tantôt avec un fusil? Vivrons-nous de discours, de lectures de brochures et de journaux?

Pas d'exagérations en ce genre. Mais faisons notre examen de conscience et nous reconnaîtrons que, dans ces derniers temps, notre pays s'est par trop désintéressé de la chose publique. Ce qu'il en est advenu, nous le savons tous. Tous aussi, aux jours des grands revers, nous avons pris le parti de nous refaire un esprit plus positif, plus pratique, et surtout d'inoculer cet esprit aux jeunes générations afin qu'elles ne vivent plus exposées, comme leurs pères, à toutes les surprises, à toutes les aventures, à toutes les entreprises des audacieux. Et voilà comment, sans peut-être s'en douter, beaucoup de nous sont devenus républicains. Ils soutiennent, ceux-là, que la France s'est trop reposée, trop amusée, trop endormie sur ses vieux lauriers, et que, sous peine de ne jamais se relever, elle doit faire acte de grandes énergies. L'idée de repos, mise en avant par les monarchistes, l'achèverait. L'idée du travail, symbole de la République, la régénérera.

Nous avons à envisager, dans nos campagnes, la grosse question du moment sous ces divers points de vue. La République est à l'œuvre depuis les élections générales du 8 février dernier. Elle reconstruit ce que d'autres ont laissé détruire. Distinguons entre la dictature de la défense nationale, et le gouvernement issu légalement de l'assemblée de Bordeaux. Encore une fois, la République ne date que de l'entrée aux affaires de ce gouvernement réparateur. Maintenant, le pays a tout ce qu'il faut pour juger chaque parti ; il saura prononcer entre ceux qui l'auront agité, entravé, inquiété, ruiné, et ceux qui, après l'avoir tiré de l'abîme, peuvent l'empêcher d'y retomber.

XII.

Un dernier mot, une dernière question. La France est-elle déchue dans l'opinion des peuples? les peuples ont-ils oublié ce qu'elle a fait pour la civilisation générale? croyent-ils qu'elle puisse encore faire quelque chose?

Nul ne peut le nier. Il y a longtemps que la France est, à ses dépens, le pays initiateur par excellence. Elle a été, ce n'est pas trop dire, la grande école expérimentale des combinaisons politiques et sociales. Elle est presque toujours en état de gestation, et rien d'étonnant d'après cela qu'aucune nation, plus souvent qu'elle, n'ait connu les douleurs de l'enfantement. Dans tout l'univers, on s'intéresse à ses expérimentations, à ses révolutions, à ses espérances, à ses revers. De tous les points de l'univers aussi, lui arrivent pour se fixer dans sa capitale, les chercheurs, les réformateurs, les déclassés, les inventeurs, les mécontents, tous ceux qui représentent, les uns l'excès du bien, les autres l'excès du mal, ceux-ci des vérités nouvelles, ceux-là des erreurs plus ou moins rajeunies. De tous ces éléments qui se heurtent, se combinent, se détruisent, il faut dégager le vrai, le possible. Mais nn cri domine tous les autres, c'est le cri : en avant ! le cri des hommes qui, pour la plupart, faiseurs de table rase, ne connaissent que la marche à grande vitesse et n'entendent pas se laisser arrêter par les considérations de tempéraments et d'opportunités.

Telle est dans le monde, la situation de la France, et surtout de Paris. Le rôle est difficile, tantôt bien rempli, tantôt mal rempli, applaudi par ceux-ci, sifflé par ceux-là, jalousé par beaucoup. Et comme tout ce qui pose, comme tout ce qui occupe un certain rang, le peuple français s'est laissé prendre par le péché de la vanité. Il est fier de sa renommée et disposé à se croire une race supérieure *à perpétuité*. De là à ne rien faire pour se tenir à la hauteur de son passé, la transition est facile, et voilà comment, dans ces derniers temps, nous avons glissé sur la pente des décadences, vivant sur les travaux de nos pères, n'ajoutant pas beaucoup à notre héritage. Ailleurs, on a marché, on a songé au sérieux, on a commencé à prendre notre place de nation prépondérante. Tels se flattent même de l'avoir prise. Les races latines sont perdues, disent-ils. C'est le tour des races germaniques.

Que deviendra la liberté dans ces substitutions de races, si tant est qu'elles s'accomplissent? Est-il écrit que la liberté ne sera donnée au monde que par des institutions monarchiques et plus ou moins féodales, ou bien par des institutions républicaines et démocratiques? Quel principe l'emportera? La démocratie française sera-t-elle impuissante comme régime de gouvernement? n'aura-t-elle que des écrivains, des orateurs, des avocats? aura-t-elle des organisateurs, des hommes d'État en situation de lutter de puissance à puissance avec les hommes d'État des pays monarchiques? Pourra-t-elle concilier l'ordre avec la liberté? sera-t-elle le marche-pied de toutes les dictatures, la proie de tous les ambitieux, l'acheminement au régime du sabre?

L'adhésion des populations rurales à la forme républicaine sera pour beaucoup dans la réponse à ces questions, parce que dans la population rurale est le nombre, et là aussi, la modération qui permet de tout écouter, de tout peser, de tout résoudre de sang-froid.

Que les populations rurales, s'identifiant avec l'esprit général de la France, et sachant ce que les villes ont fait pour la prospérité commune, se recueillent avant de rendre le grand verdict. Qu'elles envisagent nos côtés forts et nos côtés faibles, nos fautes aussi, La France contemporaine a eu, il faut le répéter souvent, le tort de trop s'abandonner au césarisme. Mais, ce n'est pas aux hommes d'énergie qu'on peut dire, en ce moment décisif, de renoncer à tout espoir de reprendre notre rang, car notre malheureux pays n'a pas perdu tous ses titres à la sympathie. N'eût-il rendu à l'Europe que le seul service de lui avoir offert un centre dans lequel se sont élaborés les problèmes les plus compliqués de l'ordre social, un centre d'expérimentations où elle a pu, simple spectatrice, s'instruire sans danger pour elle, profiter de nos sacrifices, de nos études, de nos insuccès, que ce service-là mériterait une certaine indulgence, sinon une certaine reconnaissance. Il fallait au monde une ville comme Paris pour étudier la science sociale, même avec la somme d'éléments impurs que la civilisation du XIXe siècle porte dans ses flancs. Et d'ailleurs, il faut croire qu'il y avait, dans cette métropole, plus de bien que de mal, plus de vérités que d'erreurs, plus d'attractions que de répulsions, car les plus grandes illustrations du monde y sont venues, l'ont admirée, l'ont glorifiée, et il est impossible d'admettre que de pareils hommages rendus à la cité-reine ne reposent pas sur des titres sérieux. Voilà ce qu'on reconnaîtra tôt ou tard et ce qui ramènera vers la France des sympathies dont le terrible drame de Paris semblait l'avoir privée. On fera la part des forcenés cosmopolites qui ont épouvanté l'humanité. Chaque peuple reconnaîtra en eux quelques-uns des siens. Et de la conscience universelle, s'élèvera un cri de flétrissure contre les tristes héros de la Commune parisienne. La France et Paris, soyons en certains, ne resteront pas en arrière dans ce soulèvement de l'indignation générale.

Je terminerai donc comme j'ai commencé. Il est permis, dirai-je encore, d'espérer que plus Paris a souffert, plus vite cessera pour la France le fatal antagonisme des villes et des campagnes. La leçon est significative. Elle nous fera serrer les rangs, nous tendre la main, nous rallier dans notre belle unité nationale. Peut-être, alors, d'un commun accord, ne voulant, malgré nos sympathies individuelles, nous prononcer pour l'une des trois monarchies qui se disputent le pouvoir suprême, convierons-nous les divers prétendants à ne pas agiter le pays, à ne pas contrarier l'œuvre de réorganisation, et, tout au contraire, à favoriser l'établissement d'un gouvernement d'ordre et de liberté, gouvernement anonyme du pays par le pays auquel il faut bien donner son vrai titre dégagé de toute mésalliance, le titre de *République française*. Tel est le vœu d'un homme des champs, vœu tout de conciliation, tout de rapprochement entre les citoyens animés du véritable amour de la patrie. Et ce vœu, je l'exprime énergiquement en m'inspirant des premiers besoins de mon pays, besoins d'ordre, de travail, de moralité, de liberté et de stabilité. Déjà victorieuse d'une formidable insurrection, la République est le seul gouvernement qui puisse rétablir le respect du principe d'autorité, car son principe d'autorité à elle, il est, non pas dans un homme, mais dans la loi qui est la plus haute expression de la sagesse nationale. Le suffrage universel a donné à la loi son plus imprescriptible titre de légitimité. Respectons donc la loi. C'est le principe d'autorité par excellence, celui qui se concilie le mieux avec l'esprit de liberté, celui qui a le plus de prestige. C'est le salut.

XIII.

Cette brochure était déjà sous presse, lorsque je reçus la visite de l'un de mes voisins de Sologne, brave cultivateur en blouse, membre du comice de notre canton. L'excellent homme ne savait plus à quel saint se vouer : chaque jour le mettait aux prises avec les nombreux entrepreneurs d'élection qui commencent à agiter nos campagnes. Son curé se démenait pour Henri V, lui disant que, par suite d'arrangements de famille, Henri V et le comte de Paris ne feraient plus qu'un seul et même roi en deux personnes, que la France revenant à ses anciens rois légitimes allait retrouver la tranquillité, que le pape serait remis en possession de ses Etats, et que les paysans auraient enfin la poule au pot promise par le bon roi Henri IV. — Tout autre était le langage d'un monsieur qui venait de s'établir en Sologne, et dont le fils, ancien sous-préfet de l'Empire, avait été cassé aux gages par la République ; ce père mécontent, parce qu'il était froissé dans ses intérêts de famille, faisait la propagande pour Napoléon III ou pour Napoléon IV avec une régence : il vantait les prospérités et les gloires de l'Empire ; il soutenait que du temps où régnait le neveu du grand homme, les cultivateurs faisaient bien leurs affaires, et que les ouvriers gagnaient de bons salaires. Mais survenait un autre donneur de conseils qui, lui, ne voulait ni des bonapartistes, ni des Bourbons fusionnés, parce qu'il ne voyait d'avenir pour la France que dans l'avènement des princes d'Orléans, marchant comme chefs de file, et non en emboîtant le pas derrière leur cousin, le comte de Chambord. La fusion, d'après ce puritain de l'orléanisme, était un non-sens, une faute politique. Elle ne donnerait pas une majorité suffisante au principe de la légitimité, elle retirerait beaucoup de partisans aux princes d'Orléans dont le père était arrivé au trône, non point *parce que Bourbon*, mais *quoique Bourbon*. En d'autres termes, Louis-Philippe Ier, usurpateur du trône légitime, représentait aux Tuileries le principe de la souveraineté nationale. Sous peine de ternir la mémoire paternelle, ses héritiers ne pouvaient revenir en France à la suite d'Henri V.

Mon brave voisin était littéralement ahuri : pour lui, plus de repos. On avait mis sa femme elle-même dans la conspiration, et avec la femme était venue, comme complications inextricables, toute la série des petites passions locales et des divisions de famille. On lui cornait nuit et jour aux oreilles : « Tu ne peux pas voter comme ton cousin, le gros marchand de moutons, comme monsieur un tel, le grand propriétaire parvenu, comme monsieur un tel qui joue à la légitimité pour se donner un blason ou pour vieillir ses très-jeunes armoiries, ni comme monsieur un tel qui convoite des places pour lui-même et les siens. Bref, c'était ou tout noir ou tout blanc, ou tout mauvais ou tout bon, selon le point de vue auquel on se plaçait. Or, mon voisin, digne citoyen, ne voulait pas s'abstenir dans les élections. Son idée fixe, c'était que la lutte suprême est aujourd'hui entre les braves gens et les mauvaises gens, entre ceux qui veulent faire leurs affaires par le travail et l'économie et ceux qui veulent les faire sur le dos des autres, sans travail, sans peine, entre ceux qui aiment la France prospère, calme, glorieuse et ceux qui poursuivent sa ruine et son humiliation.

Comme tant d'autres ruraux, mon digne voisin avait été bonapartiste à outrance, moins par sympathie pour le héros de Strasbourg et de Boulogne, que parce qu'il avait, jusqu'à la moëlle des os, la haine des socialistes, des partageux, des communeux. Mais depuis la guerre, ce n'était plus le même homme. Deux de ses fils étaient morts à l'armée. Jamais il ne pardonnera à l'empereur, soutenu par la confiance des paysans, d'avoir déclaré la guerre sans avoir réuni les hommes, les chevaux et les canons nécessaires pour lutter contre les forces considérables de l'Allemagne. Jamais il ne lui pardonnera d'avoir si mal commandé l'armée au début de la campagne, et après l'avoir compromise, de l'avoir livrée aux désastres de Sedan. Vainement dit-on que le neveu du grand homme a été mal renseigné, mal entouré, mal conseillé, et enfin trahi, mon honnête voisin n'admet pas qu'un souverain qui a pu faire si longtemps tout ce qui lui passait par la tête, soit en droit, après avoir commis les fautes les plus énormes, de s'en prendre aux hommes de son choix et à l'inconstance de la fortune. Pour lui donc, le prestige militaire de la dynastie napoléonienne est à jamais perdu, et partant de là, il ne croit pas qu'une dynastie qui a livré la France à de si grandes humiliations pourrait longtemps se maintenir contre les récriminations, les reproches, les colères, les indignations qui la poursuivraient sans trève ni repos.

Mon voisin est donc *anti-bonapartiste*, et je crois qu'il est au même degré *anti-légitimiste, anti-fusionniste*. Dans le pays, il passe pour un très-bon chrétien, car il assiste à tous les offices et pratique par conviction, nullement pour la forme. Mais, précisément parce qu'il est fervent catholique, il n'aime pas que les prêtres se mêlent des choses de la politique. Bien habile serait celui qui réussirait à lui faire oublier ce que son vieux père lui a raconté des dernières années du règne de Charles X, alors que l'autel et le trône ne faisaient qu'un, et que la France était livrée aux missionnaires, aux fanatiques, aux intolérants, aux ambitieux en soutane, tous grands semeurs de scandales, d'irritations et de réaction contre les excès d'une religion mal servie. Il faut entendre mon voisin sur ce chapitre, quand il parle du gouvernement des prêtres. Sa robuste foi n'en est pas affaiblie. Seulement dans l'intérêt même de la religion, comme pour la plus grande considération du clergé, personne plus que lui ne désire que l'Eglise ne se compromette pas en faveur d'un régime politique qui, pour la vouloir trop dominante au temporel, a contribué considérablement à propager le scepticisme et le matérialisme. Telle est, du moins, l'opinion d'un brave paysan qui, ces jours derniers encore, a bondi lorsqu'il a lu, dans le manifeste du comte de Chambord, que la France aurait à rétablir le pouvoir temporel du pape. Ce serait, à l'humble avis de mon voisin, aller bien vîte en besogne, si ce n'est même courir de gaîté de cœur aux abîmes. Qu'en dirait, par exemple, la Prusse? Comment souffrirait-elle que son allié, le roi d'Italie, soit dépossédé de Rome, capitale? Que de tempêtes! La France vient d'être vaincue, et déjà on lui fait tenir un langage qu'elle ne pourrait pas soutenir par le canon! Mon voisin est inflexible sur ce point: il appelle cette politique de programme la seconde édition de la politique d'aventures de l'Empire. Et certes, il n'est pas seul de son avis, surtout dans le monde très-catholique.

La répugnance de mon voisin pour la monarchie dite légitime explique son opposition à la fusion des deux branches de Bourbon. Il estime que la branche aînée n'ayant pas de racines en France, les princes d'Orléans commettent une énorme faute en cherchant à rentrer à la suite de leur cousin, Henri V, et cela quand même le chef de la Maison de France subirait le drapeau tricolore. Les princes d'Orléans perdraient à cette combinaison une grande popularité. Ils feraient les affaires du bonapartisme, à moins que la République, profitant de toutes les divisions créées par les compétitions monarchiques, ne mît tous les prétendants d'accord en prenant la place pour elle-même. Mais entre la République et la monarchie du comte de Paris, mon voisin a quelques hésitations, et c'est, en grande partie à ces hésitations, que je dus sa bonne visite.

A dire vrai, la famille d'Orléans a passablement perdu dans son estime depuis qu'elle a laissé, sans les démentir, courir des bruits de fusion. Aussi, ne reprendrait-elle faveur dans son esprit que si elle déclarait très-carrément qu'elle procède de la révolution de 1830, que le fondateur de sa dynastie a régné en vertu du principe de la souveraineté nationale, et que les fils n'entendent nullement abaisser ce principe devant le principe du droit divin.

Mes lecteurs croiront sans peine que j'écoutais mon voisin avec infiniment de plaisir. Il avait trouvé ma fibre. J'aimais à voir un homme des champs, naguère plus napoléonien qu'un descendant du grand homme, et maintenant écartant la légitimité pour arriver à une monarchie qui lui apparaissait s'appuyant sur un *trône populaire entouré d'institutions républicaines.* La formule du vénérable Lafayette lui allait beaucoup. Mon voisin espérait, avec les princes d'Orléans, purs de tout alliage légitimiste, une monarchie constitutionnelle à l'anglaise, une monarchie qui serait une république présidée par un roi *régnant et ne gouvernant pas.*

Malheureusement pour ses rêves, mon voisin n'avait pas songé au suffrage universel, c'est-à-dire à une puissance qui, par ce temps de rivalités monarchiques, républicaines et socialistes, complique terriblement la tâche des rois et des peuples. J'insistai vivement sur ce côté trop négligé de la question, car je savais m'adresser à un homme qui n'entendait pas la plaisanterie à l'endroit de la suppression, de l'escamotage ou de l'amoindrissement du suffrage universel. Non pas qu'il en fût très-enthousiaste. Nullement : il l'avait vu avec regret venir trop vite, avant l'heure utile : il s'en voulait surtout à lui-même de s'être laissé abuser par l'autocratie césarienne qui, en pleine démocratie, et grâce au suffrage universel, était parvenue à constituer l'un des pouvoirs les plus excessifs et les plus dangereux qui fût au monde. Mais enfin le suffrage universel a qualité de fait acquis. Nul ne peut songer à l'abolir ; une seule chose reste à tenter, c'est d'apprendre à nous en servir et contre les réactions et contre le socialisme. Or, il n'est pas probable qu'aucune monarchie puisse manier ce redoutable instrument, et il est certain que, dans l'histoire, rien n'autorise à croire à des succès de ce genre.

En effet, rentrée après le premier Empire, avec la charte constitutionnelle, la Restauration n'a connu qu'un régime électoral très-restreint. Vainement a-t-elle cherché son point d'appui dans une classe d'électeurs privilégiés ; vainement a-t-elle voulu faire de la religion un instrument de sa politique, elle est tombée par les excès de l'intolérance religieuse et par ses trop nombreuses tentatives pour revenir à l'ancien régime. Il n'est pas à supposer que la France nouvelle oublie jamais ces enseignements de l'histoire.

Sortie des barricades, la royauté de Juillet s'est bornée à continuer à peu près la charte des Bourbons de la branche aînée. Elle s'est basée sur le suffrage restreint de la bourgeoisie. Elle a créé entre la bourgeoisie privilégiée et les populations ouvrières déshéritées du droit électoral des irritations dont le socialisme, hélas, n'a que trop profité. Ici donc, encore, aucun homme politique ne saurait prévoir si le suffrage universel, combattu à outrance sous le règne de Louis-Philippe, traiterait la monarchie orléaniste en puissance aimée ou en puissance ennemie. C'est, pour le moins, une expérience à faire si la France le veut, mais c'est une expérience qui n'est pas sans danger..

Seul, l'Empire a été fondé et soutenu par le suffrage universel, mais, il faut le dire, par le suffrage universel coupé en deux parties ; l'une, la plus faible, lui créant, dans les villes, toutes les difficultés possibles ; l'autre, la plus forte, lui donnant l'appui des campagnes. Et l'Empire est tombé, comme pour attester que, tôt ou tard, justice est faite contre les pouvoirs excessifs qu'un chef d'État n'a pas la sagesse de refuser, même quand ils émanent de majorités considérables. L'Empire, trop longtemps autoritaire, a développé outre mesure le fonctionnarisme : il a cru que le suffrage universel pouvait être dirigé par une armée de fonctionnaires publics, et il est arrivé à déconsidérer l'administration en la compromettant dans les luttes électorales. Nous avons maintenant la preuve que le césarisme et le suffrage universel ne font pas longue route ensemble.

Ainsi, en moins d'un demi-siècle, trois dynasties françaises ont pris le chemin de l'exil, et, de leurs excès, de leur imprévoyance, dè leur exploitation de privilèges, est sorti le socialisme, fléau redoutable qui est l'antagonisme du capital et du travail, la haîne de l'ouvrier contre le bourgeois, le culte des intérêts matériels sans contre-poids. Voilà l'ennemi à combattre corps à corps. Et c'est pour cette guerre qu'il faut nous organiser vigoureusement.

Quelle sera la plus forte ou de l'organisation monarchique qui nous pousse à tout attendre de la sagesse et de l'activité du gouvernement, ou de l'organisation républicaine qui nous appelle à mettre nos efforts en commun, à développer toutes les initiatives, à veiller à nos intérêts généraux, à bien choisir nos mandataires, à généraliser les responsabilités, à mettre le pays en garde contre les idées subversives, à viriliser l'opinion publique, à fortifier la pratique des droits par la pratique des devoirs, à respecter enfin la loi sortie de la souveraineté nationale ?

Telle est la question que je posai à mon voisin. Il me répondit que la monarchie constitutionnelle elle-même rend un très-grand hommage à la République en se présentant comme *une République présidée par un roi*, et que c'est là un aveu précieux à enregistrer par les républicains, puisque, d'après les monarchistes eux-mêmes, la meilleure monarchie est celle qui se rapproche le plus de la République. En cet état de choses, on ne voit pas trop ce qu'un monarque, jalousé par ses concurrents au trône, et mal vu par les républicains, nous apporterait de stabilité et de force. On a beau dire que les familles royales ou impériales vivent dans des sphères élevées où n'arrivent pas les passions qui agitent un grand pays, ce n'est là qu'une théorie monarchique. Plus que d'autres, les rois ont leurs flatteurs qui les égarent, et les grands oisifs dont ils s'entourent fatalement sous prétexte de rehausser l'éclat du trône ne contribuent pas peu à les éloigner tôt ou tard des vrais courants de l'opinion publique. Jeunes, ils ont d'excellentes intentions. Vieux, ils voient les choses d'un peuple toujours en marche, toujours sous l'étreinte de l'actualité, par les yeux de conseillers qui jugent le présent par le passé. Décidément, le métier de roi est bien difficile par le temps qui court.

Pourquoi ne pas s'en passer ?

Plongé dans ses réflexions, mon voisin finit par me dire : Tout bien pesé, la République est aujourd'hui le gouvernement de fait de la France : déjà ce gouvernement, dont la date régulière part de l'élection de l'Assemblée nationale, a conclu la paix avec l'Allemagne et vaincu une insurrection formidable ; il a réorganisé notre armée et nos services publics, relevé notre crédit et donné des gages sérieux à la double cause de l'ordre et de la liberté. Il a pour chef du pouvoir exécutif un homme d'État considérable, dont la haute expérience des affaires publiques est une garantie pour tous les intérêts. Par tous ces motifs, le mieux à faire pour l'instant et, probablement pour l'avenir, c'est de continuer un état de choses qui prépare si bien le retour de notre prospérité nationale. Ainsi conclut mon voisin. Ainsi conclurai-je moi-même, fort de l'avis de l'un de ces bons esprits ruraux qui, ne se mettant au service d'aucun parti, n'épousant les querelles d'aucun prétendant, ne se laissant duper par aucun coureur de places ou de faveurs, et ne songeant qu'à la patrie en ce moment couverte de deuils, se rallie à la République pour en faire un gouvernement de moralité politique, d'apaisement des esprits, de conciliation de tous les intérêts, de sollicitude pour les populations ouvrières, de solidarité entre les villes et les campagnes, de protection pour tout ce qui est juste et de force contre ses ennemis. La France n'a plus le droit de reposer sur un oreiller de paresse, elle est à cette heure suprême où l'énergie de ses populations les plus nombreuses peut seule la sauver, et avec elle, les principes qui ont caractérisé son œuvre et fait sa gloire dans le monde.

Que les populations rurales mettent au service de la République leur esprit d'ordre et de persévérance, et la République, jusqu'alors trop souvent dominée par l'esprit des populations les plus impressionnables, les plus faciles à exciter, les plus passionnées, les plus mobiles, aura trouvé le lest politique qui donne la stabilité, régularise la marche, permet enfin de tenir tête à l'orage et d'arriver à bon port.

Cercay, 5 juin 1871.

IMPRIMERIE E. CHENU, RUE CROIX-DE-BOIS, 21, A ORLÉANS.

www.ingramcontent.com/pod-product-compliance
Lightning Source LLC
LaVergne TN
LVHW010037230826
846091LV00005B/1738

* 9 7 8 2 0 1 2 3 9 3 0 7 3 *